生活を創るライフスキル
―生活経営論―

内藤　道子　　中間美砂子
金子佳代子　　髙木　　直
田中　勝　共著（執筆順）

建帛社
KENPAKUSHA

まえがき

　安全，平和，自由を願って迎えた21世紀であるが，2001年9月に思いもかけないアメリカにおける「同時多発テロ」が世界を震撼させた。いつの時代にも乗り越えていかなければならない生活課題は絶えない。今日のわが国は，高度経済成長期を経て低成長期を迎え，新産業興し，地球社会との協働・共生など，新たな国づくりを目指して，さまざまな構造改革に取り組んでいる。これらは貧困や挫折を知らない21世紀を託する若者世代の課題でもある。

　本書は，このような戸惑いと先行き不安に満ちた社会を，一人ひとりの若者が，生活者として積極的に，自分らしく生きることを目指し，その実現に必要な「生活実践力とは何か，その能力で生活をどう創るのか」について，「生活を創るライフスキルの学び合いから，探求することをねらっている。

　その構成内容は，副題「生活経営論」が示すように，高等学校「家庭科」で学んだ教育内容を基礎にしてスパイラルに，生活のしくみと営み，生活構造と生活意識からの現代生活の分析，循環型社会をより自分らしく生きるためのライフスキル，生活設計等に関する理論と実践についてなど，6章に分けて家政教育の視点から論じている。

　したがって，家政学一般・生活科学を専門としない学生の一般教養・総合科目の授業にも対応した内容となっている。単に知識の解説に終わることなく生活課題・問題を投げかけ，その解決に向けて意見を出し合いながら，認識を深めてもらいたいと願っている。また，各章とも多くの図表によって普遍的な時代状況の理解をねらっているが，刻々と変化することがらもあるのでデータは関連するホームページ等で更新していただきたい。

　おわりに，不況な社会状況の中で，本書の出版にご尽力とご助言をいただいた建帛社の筑紫恒男社長，同社原口規之氏に，深甚なる感謝をささげるものである。

2000年4月　　著者一同

目　次

序　生活を創るライフスキル（Life Skills）……………1

Ⅰ章　生活をみつめる

1. 生活の主体……………………………………………………5
  （1）生活主体としての生活者………………………………5
  （2）生涯をみつめる…………………………………………6
2. 生活環境………………………………………………………9
3. 生活主体と生活環境の相互関係……………………………9
  （1）生活のエコシステム的把握……………………………9
  （2）生活のしくみと営み……………………………………10
  （3）生活の単位………………………………………………12
4. 生活の営みと生活価値………………………………………12
  （1）いのちの尊厳……………………………………………13
  （2）自立と共生………………………………………………14
  （3）生活の質（Quality of Life）……………………………15
5. 生活の営みと生活資源………………………………………17

Ⅱ章　変動する現代の生活

1. 生活構造の変化………………………………………………21
  （1）産業・就労構造の多様化と女性の社会参画推進による生活の変化………21
  （2）少子・高齢化による生活構造の変化…………………23
  （3）家族構造の変化…………………………………………26
  （4）生活の社会化による生活スタイルの変化……………28
2. 変化する生活意識……………………………………………29
  （1）ジェンダー意識の変化…………………………………29
  （2）家族観・家族意識の変化………………………………32

（3）　地域社会意識の変化 …………………………………36
　（4）　生活経営意識の変化 …………………………………38

Ⅲ章　協働・共生社会を拓くライフスキル

1. 生活問題解決とライフスキル ………………………………41
　（1）　生活問題解決能力 ………………………………………41
　（2）　ライフスキル ……………………………………………42
2. 自律のための自己管理スキル ………………………………44
3. 協働・共生のための人間関係スキル ………………………45
　（1）　他者理解 …………………………………………………45
　（2）　人間関係のルール ………………………………………45
　（3）　コミュニケーションスキル ……………………………46
　（4）　協働スキル ………………………………………………48
　（5）　サポートスキル …………………………………………49
4. 家族コミュニケーションスキル ……………………………49
　（1）　夫婦間のコミュニケーション …………………………51
　（2）　親子間のコミュニケーション …………………………53
　（3）　高齢者と家族間のコミュニケーション ………………55
5. コミュニティにおけるコミュニケーションスキル ………56
　（1）　コミュニティと近隣関係 ………………………………56
　（2）　ネットワーキングスキル ………………………………57
6. 個人・家族をめぐる支援システム …………………………57
　（1）　ボランティア活動 ………………………………………57
　（2）　行政による支援施策 ……………………………………59
　（3）　子育て支援 ………………………………………………59
　（4）　高齢者・障害者支援 ……………………………………59

Ⅳ章　循環型社会を創る消費者（Green Consumer）のライフスキル

1. 自律的な消費行動を拓く意思決定スキル …………………63
　（1）　消費者主義（Consumerism）の確立と消費者責任 …63

（2）地球環境問題に対する消費者（Green Consumer）スキル ……………67
　（3）主体的な生活行動に必要な意思決定スキル ………………………………70
2. 生活資源・エネルギー管理スキル ……………………………………………71
　（1）ガス・水・電気などのエネルギー管理（CO_2削減）スキル …………71
　（2）省資源（ごみ減量化・再資源化・再使用）による資源の管理スキル ……75
　（3）生活時間・労働の管理スキル ………………………………………………79
　（4）生涯を見通した金銭（貨幣）管理スキル …………………………………82
3. 安全な生活経営に必要なリスクマネジメント ………………………………88
　（1）いのちと暮らしを支援する国の社会保障制度 ……………………………89
　（2）現在と将来の生活リスクに備える保険制度など …………………………91

V章　食・衣・住生活のベーシックスキル

1. 健康な食生活の実践 ……………………………………………………………93
　（1）食生活の変化と現代の食環境 ………………………………………………93
　（2）食習慣の形成と変容 …………………………………………………………98
　（3）健康づくりと食生活 …………………………………………………………99
　（4）健康で豊かな食生活を創るために …………………………………………104
2. 豊かな衣生活の実践 ……………………………………………………………105
　（1）衣生活の変化 …………………………………………………………………105
　（2）快適に着るための科学 ………………………………………………………106
　（3）環境に配慮した衣生活の計画・管理スキル ………………………………109
　（4）リフォームによる豊かな衣生活 ……………………………………………112
3. 快適な住生活の実践 ……………………………………………………………115
　（1）住み手が創る快適な住生活と住環境 ………………………………………116
　（2）多様なライフスタイルと住まい方 …………………………………………117
　（3）住まいの選択と住情報 ………………………………………………………119
　（4）快適な住生活のための条件―1人暮らしの場合― ………………………120
　（5）自然環境と調和した住生活 …………………………………………………122
　（6）住民参加のまちづくり ………………………………………………………122
　（7）快適な住生活の創造に向けて ………………………………………………126

VI章　自分らしく生きるための生活設計スキル

1. 自分らしさとシンプルライフ ……………………………………………129
   - （1）「共生」と自分らしさの調整 …………………………………129
   - （2）協働と共生の時代を生きるシンプルライフ …………………131
2. 自分流生き方（生活設計）を模索する若者たち ……………………134
   - （1）生活設計の基本スキル …………………………………………134
   - （2）ある大学生の生活設計 …………………………………………135

資料1　男女共同参画社会基本法 ……………………………………………140
　　2　改正育児・介護休業法のポイント ……………………………………143
　　3　わが家の耐震チェック …………………………………………………144
　　4　環境家計簿，請求書の見方 ……………………………………………146
索引 ……………………………………………………………………………147

序 生活を創るライフスキル
(Life Skills)

　本書では共著にあたりその概念（concept）を次のように設定した。すなわち「若者が生きる生活環境としての現代社会の日常的な生活の枠組みと生活のしくみを理解し，その環境におけるさまざまな生活課題を，生活者として人が暮らす地球社会での協働・共生を図りながら追究し，より自分らしく生きるために必要な価値・目標と実践力とは何かを家政学（家政教育）の視点から提示する」とした。

　そこで，本書のキーワードとなる「生活者」，「生活を創る」と「ライフスキル（Life Skills）」について，その考え方を述べてみたい。

「生活者」，「生活を創る」

　21世紀を迎えた地球社会は，先行き不透明な産業・経済の中で，明日に向かって生きなければならない若者にとって決して明るいものではない。団塊世代といわれる「親世代」にしても不況・倒産・リストラ等による生活の見直しが必要なとき，「もの」中心に膨張した生活の切り替えもままならず，家族崩壊に追い込まれる家庭も少なくない。

　このような社会を背景に，いま強く求められているのが一人ひとりが「生活者」になることである。「生活者」についての詳細は本書第1章で述べているように，天野正子の生活者論を受けて「自覚した個人が，主体的に，積極的に日常生活を創造する者」と考えている。

　残念ながら，この「生活者」としての意識・意欲，実践力が，今日の若者世代を中心に希薄になっている。この回復が本書の第一のねらいともなっている。

　このように，ひと（自分）が生きていることを実感し，生活者として「日常生活を創る」ためには，そこでの生活のしくみと営みについて考え，実践して

いかなければならない。その「生活の質（Quality of Life）」を形成し左右する営みの手だては多様にある。

ともすると，人は科学の力があれば一人で生きられるという錯覚に陥ることがある。しかし，人は勿論のこと，すべての生物体は「個」では生きられない。生態系の循環の中で支えられ助け合ってこそ，豊かな一生を全うすることができるのである。個々人が生活につまずいた時，家庭や社会を恨んだり，不満を暴力でごまかしても明日の「生きがい」は見えてこない。

そこで本書では，個人・家族，地域社会の人々がそれぞれの立場から「家庭生活を中心にした人間の生活を，人間と環境との相互作用について……以下略（日本家政学会・家政学の定義，1970，1984）」エコシステム的に追求することを主要な生活課題として設定した。その解決に向けた生活行動の選択と実行に当たっては「意思決定プロセス」を踏むことが重要であり，それによって，より自分らしく生きるための生活創り（生活経営）ができると考え，そこで必要な「ライフスキル（Life Skills）」を具体的に提案することとした。

「ライフスキル（Life Skills）」

WHOは，「ライフスキル（Life Skills）」について「青少年の健康教育において，日常生活で生じる問題に健康的で建設的に，且つ効果的に対応するために必要な能力」（WHO編，JKYB研究会訳，WHOライフスキル教育プログラム，大修館書店，1997年）ととらえ，「意志決定」能力の重要性を指摘している。

わが国の家政教育・家庭科教育では，「スキル」，「ライフスキル」の解釈に歴史的な経緯がみられる。すなわち，明治期の「学制」施行後の家事科，裁縫科では「家事・裁縫の技能」，「家事能力」が中心課題であった。戦後の家庭科では「技術的能力」，「生産的技術」，「生活技術」，「総合的な生活実践能力」などと，その範囲，程度の受け止めも多様で現在も解釈に幅がある。

一方，従来よりアメリカにおける家政教育では，広義にライフスキルをとらえている。たとえば「Building Life Skills（Louise A. Liddell著，USA，1989年）」の序論では「Building Life Skills gaves you the tools you need to manage your life. As you grow and change, you gaining independence.……」と述べている。つまり「ひとが人間らしく，自分たちが自分らしく成長・発展しながら自律的

に生きていくのに必要な総合的な生活（経営）実践能力」と規定しているのである。

　以上のことからここでは，狭義の技術・技能ではなく21世紀が求める生活の科学や生活価値に支えられた実践的な生活経営・生活問題解決能力，理念的には三木清の技術哲学「元来，技術は主体の，特に知識を基礎としての環境に対する働きかけである」に補完された，広義のカタカナ文字（語）「ライフスキル（Life Skills）」でとらえることとした（第Ⅲ章-1-(2) 参照)。

　このことによって，従来中心的に論じられてきた日々繰り返される衣・食・住に関するベーシックスキルは，日常的な生活問題解決の基礎的な生活実践スキルとして重要であるが，総合的な「ライフスキル」の一部となる。

　そのため本書は，家政学がこれまで体系的にまとめあげてきた生活経営論とはやや視点が異なるものである。生活の主体である個人と家族，家庭と地域社会における人間関係性を相互に制御・醸成するためのライフスキル，地球社会を視野に入れた協働と共生のためのライフスキル，21世紀の生活課題である循環型社会を創る生活者のスキルなどを具体的にとりあげている。

　20世紀に失ったものの再生・復元と，自分らしい生き方を拓きながら，新たな21世紀の生活文化を創り発展させるためのライフスキルに注目して「生活を創るライフスキル」論を展開している。

I章 生活をみつめる

1. 生活の主体

(1) 生活主体としての生活者

　生活者とは何か。生活とは「生物体が生命をもち，生き続け，それ自身が意識をもって生きるためのなんらかの活動をしている状態」[1]であり，単なる生存とは異なり，生命（いのち）を大切に育て，充実した生を営むための意識的な活動状態といえる。このような生活を営むものを生活者というが，生活者論の源流は，三木清といえるであろう。生活が軽視されていた戦時体制下に，三木清は，「生活文化という言葉のうちに含まれているのは積極的な態度である」「生活文化はあらゆる人間に関わるものであり，しかもこれにおいて創造的であることは他のいわゆる文化の創造におとらぬ価値のあることである」「新しい生活文化は我々自身の自主的な立場において作られなければならない」[2]といっており，生活への自主的，積極的，創造的態度こそ生活文化そのものであるとしている。

　天野正子は，三木清の生活論などを紹介しながら生活者論を展開しているが，それによると，生活者とは，「①生活の全体性を把握する主体をさす。②静的な形態ではなく，「生活者」へと生き方をかえていく一つのダイナミックな日常的実践をさす」[3]としており，主体性，日常的実践への積極性などをあげている。

　このようにみてくると，生活者とは，行政や企業などの社会システムによってつくられたものに安住するのではなく，「自覚した個人が，主体的に，積極的に日常生活を創造する者」ということができるであろう。

(2) 生涯をみつめる

このような生活者としての生活の営みは生涯を通して続けられる。したがって，生活を見つめるにあたっては，生活者としての生涯をみつめる必要がある。人の一生を見つめる視点が重視されるようになったのは，1970年頃といえる。1970年代には，わが国では高齢者人口が7％を超え高齢化社会に突入した。ちょうどこの頃，世界的にも，成年の発達に関心がよせられるようになり，「一生涯を見つめながら発達を考える」生涯発達心理学が台頭してきた。この生涯発達心理学という語は，老人の知能の研究を進めているバルテスが1970年に初めて使ったといわれる[4]。

一方，G.H.エルダーは，大恐慌という歴史的出来事が人間発達にどう影響するかについて，従来の心理学的研究に社会学的，歴史学的研究を結び付けたライフコース研究を行い，人間の生活行動が，歴史的文脈の中でとらえられなければならないこと，女性のライフコースは結婚により大きく異なることなどを実証している[5]。

このように，ライフコースは，歴史的出来事や性別などによって大きく異なり，遭遇するライフイベントによって異なる。また，図Ⅰ-1のようなデシジョンポイント（decision point）における選択は，一人ひとりの主体性による選

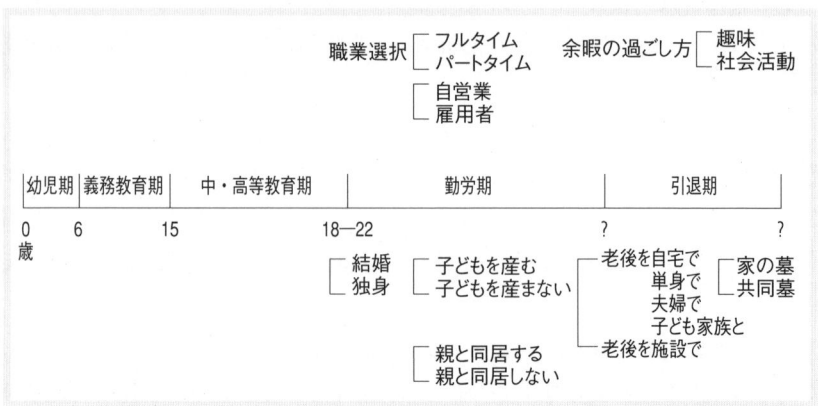

図Ⅰ-1　生涯におけるデシジョンポイント

1. 生活の主体　　　　　　　　　　　　　　　　　　　　　　7

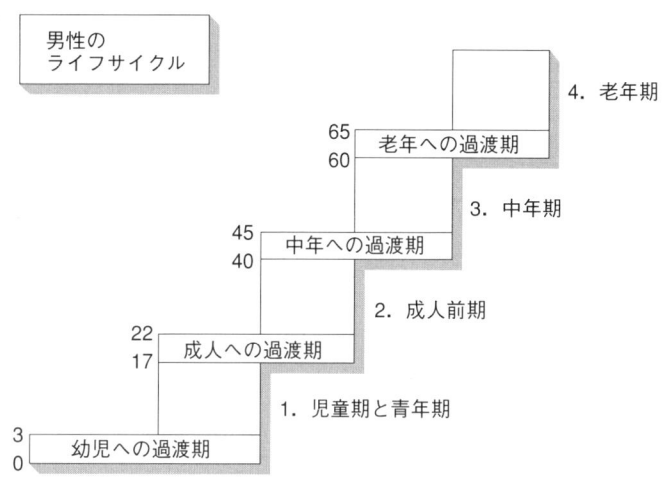

図I-2　男性のライフサイクル
(ダニエル・レビンソン，南　博訳：ライフサイクルの心理学　上，p.48, 1992,
講談社，原著　The Seasons of a Man's Life, 1978)

択であり，それぞれ独自のライフコースを歩むことになる。そこにこそ，人生を創造する喜びがあるといえる。

　このようなライフコースをパターン化することは不可能といえる。しかし，生涯の生活課題を展望するにあたっては，ライフコースをいくつかのステージに分けて考える視点も必要となってくる。レビンソンは，人生を四季の移り変わりにたとえ，児童期と青年期，成人前期，中年期，老年期の4ステージに分け，さらに，それぞれの時期へ移行する4～5年の過渡期の重要性に着目している（図I-2）[6]。この研究は，男性だけを対象としたものであり，年齢区分は，そのまま女性に当てはめることはできないが，このような過渡期の生活課題解決が困難かつ重要であるという指摘は注目にあたいするであろう。

　男女間のライフコースの違いについては，伊藤セツらの生活時間の生涯配分モデル[7]にみることができる。男性のライフコースに比して女性のそれは個人差が大きく，わが国の現状では，図I-3のように，大きくは3つのパターンに分けることができる。

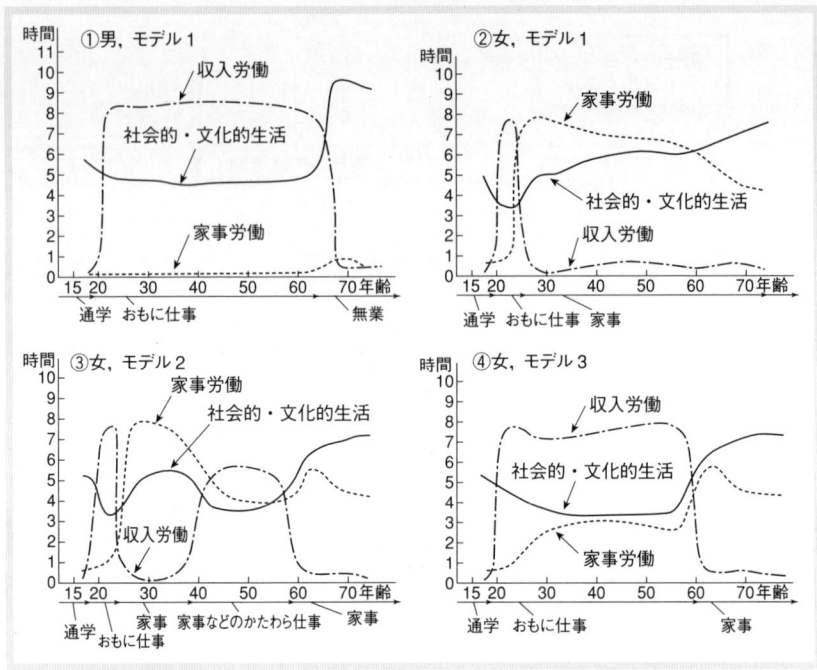

図 I-3　男女別収入労働，家事労働，社会的・文化的生活時間の生涯配分モデル
注）総理府統計局「1981年社会生活基本調査」による。
（伊藤セツ・天野寛子編：生活時間と生活様式，pp.92～93．光生館，1989）

　従来は，個人のライフコースよりも家族のライフサイクルが注目されることが多かった。家族のライフサイクルが注目されるようになったのは，イギリスの労働者階級を対象としたラウントリーの研究がはじめといわれ，その後，アメリカの農家家族を対象としたソローキンの研究などが続く[8]。わが国においては，森岡清美の家族周期研究[9]が金字塔といえるであろう。その後の望月嵩・本村凡によるライフステージごとの生活課題の提案[10]は，生活設計研究に大きな示唆を与えてきた。今日，家族の多様化，個人化とともに，家族のライフサイクルよりも個人のライフコースへの視点が優勢になってきているが，家族の生活課題解決にとっては，従来のライフサイクル研究も，大いに参考とすることができる。

2. 生活環境

　生活をみつめるにあたって，今日，エコロジーという語が多用されているが，本来，エコロジーという言葉は，ドイツの動物学者エルンスト・ヘッケルによって用いられたのがはじめといわれる。彼は，エコロジーとは，「有機体とその環境の間の諸関係の科学」(1866) としている[11]。エコロジーの語源は，ギリシャ語の oikos（家，経済）と logos（論理）であり，エコノミックス（経済学）の語源 oikos（家，経済）と nomos（法，掟，秩序，管理）からなる oikonomics ともつながる。oikonomics は，家政学 Home Economics の語源でもあり，家政学も本来，エコロジカルな思想を内包している。家政学の祖，エレン・リチャーズは，すでにホーム・エコノミックスにエコロジー概念を内包するユウゼニックスを提唱しており，彼女は，人をとりまく環境として，社会的環境，物的環境と第三の環境（情報環境）をあげている[12]。

3. 生活主体と生活環境の相互関係

（1） 生活のエコシステム的把握

　生活を営みという視点で把握するにあたっては，生活主体と生活環境の相互関係をシステムとしてとらえる必要がある。生活研究においては，この ecology（生態学）と system（体系）の合成語であるエコシステム（ecosystem）という語が用いられるようになってきた。エコシステムとは，直訳すれば生態系であるが，単なる生物学的用語としてではなく，「社会経済的システムと生態系との作用総体を指す」と拡大解釈されている[13]。ドリス・バディアは，研究と実践のためのモデルとして，家族エコシステムを核とし，日常生活における衣，食，住，家庭経済，人間関係と，環境（生物系，科学技術，社会制度）との関係を人間発達，価値とのかかわりで見るという図式を提言している（図Ⅰ-4)[14]。
　わが国の家政学の定義をみても，「家政学は，家庭生活を中心とした人間生活における人間と環境との相互作用について，（以下略）」〔1970（昭和 45）年に

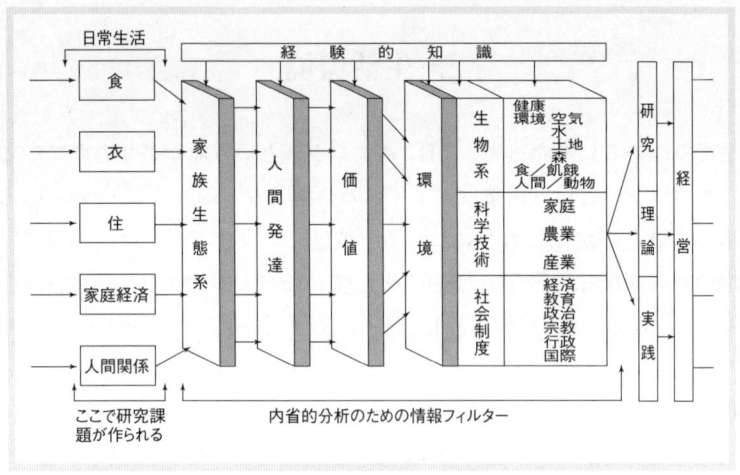

図Ⅰ-4　研究と実践のための関係モデル（D.バディア）
（家政学国際交流セミナー報告，日本家政学会誌，Vol.40, No.10, 1989）

国際家政学会に提出したものを 1984 年に修正〕とされており，家政学とは，生活主体としての人と，生活環境としての物や自然の生態系および社会経済的システムとの関係性を追及することをめざしている学といえる。

（2）　生活のしくみと営み

　自動車を生活システムにたとえてみると，自動車を運転するにあたっては，まず，自動車を構成しているパーツについて知り，そのうえで，自動車を動かすメカニズムを明らかにする必要がある。すなわち，自動車を運転するということは，各パーツ，燃料，意欲，技術等を活用して，目的地に向けて，交通情況を確認しながら，適切な道を選択しながら進む一連の意思決定過程といえる。

　そこで，まず，自動車のパーツにあたる生活のしくみの構造的要素について考えてみたい。わが国においては，生活を構造的にとらえる考え方が，籠山京による「国民生活の構造」(1943, 昭和 18 年)や，中鉢正美による「生活構造論」(1956, 昭和 31 年) 等で提案されてきた。しかし，これらは，いずれもマクロな経済学の立場からみたものであり，ミクロな家庭生活，私的生活の側か

3. 生活主体と生活環境の相互関係

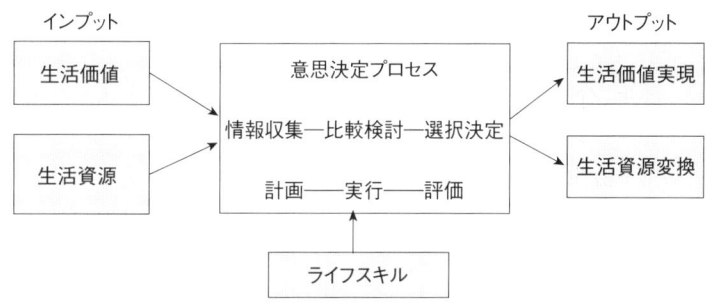

注) 広義の生活資源にはライフスキルは含まれるが，ここでの生活資源は，ライフスキルを除いた狭義の生活資源とする。

図 I-5　生活の営みのプロセス

らみたものとしては，松原治郎の「家庭生活の構造」(1969，昭和44年)[15] があげられる。ここでは，家庭生活の構造的要因として，時間，空間，手段，金銭，役割，規範があげられている。この生活構造論は，その後の家庭生活研究における分析枠組みとして，広く活用されてきた。

ついで，これらの要素が相互関係をもち，生きて働く状態，すなわち，生活のメカニズムについて考えてみたい。この生活のメカニズムを明らかにし，営みの方法を追究する学問としての家庭経営学はアメリカで台頭してくる。アメリカでは，1948（昭和23）年の全米家族問題研究協議会において，「家庭経営は，家族の目標を達成するために，家庭の諸資源利用の過程を構成する一連の意思決定の活動をいう。家庭生活周期を通じて家族が欲求を充足するための手段である。」としており，当時すでに，資源，過程，意思決定の語がみられる。その後，意思決定の背景としての価値が重視されるようになり，さらに，システム化という考え方が出てくる。

このような考え方を整理すると，生活の営みとは，生活価値と生活資源を各生活領域にインプットし，意思決定過程を経て，価値の実現，資源変換がアウトプットされるというプロセスといえるであろう。これらの関係の図式化を試みたものが図 I-5 である。

(3) 生活の単位

我々は，生活の営みを，家庭という私的生活領域を単位として行っている。家庭を，国家や社会と一線を画したプライベートな私的生活領域ととらえれば，単身者も家庭生活を営んでいるということができる。家庭という言葉は明治20年頃から頻繁に使われ始め，急速に普及されたといえるが，近年，家族の個人化や家庭の教育力の低下などから「家庭の崩壊」を指摘する声が聞かれるようになってきた。たしかに家族の規模の縮小，家事の外部化・社会化，家庭で過ごす時間・家族が共に過ごす時間の減少などにより，家庭の意義は大きく変貌してきている。しかし，大多数の人々は家庭という私的生活領域を生活の単位とし，情緒的機能を求め，居場所としている。ポストモダンにおける家庭の意味をあらためて問う時がきているといえるであろう。

家庭を形成する単位としての家族は，人間文化として形づくられてきた集団であり，人間にとって，まことに自然なものである。この家族の規模・形態は，時代により，民族によりさまざまであるが，総じて，次第に小さくなってきている。わが国における核家族化，小家族化には著しいものがみられるが，その規模の大小は，その集団の複雑さと正比例しない。家族はとても，複雑な社会構成をもつ社会集団といえる[16]。社会はこの複雑な家族集団からなっており，たとえ小家族化したとはいえ，家族のあり方は，社会に大きな影響をもたらす。したがって，現代社会の実態を把握するには，家族の実態を把握する必要がある。家族が崩壊したといわれて久しいが，家族の再生が，社会の再生につながるという側面もある。

4. 生活の営みと生活価値

生活における意思決定過程を方向づけるには価値が必要である。価値観が多様化してきている今日ではあるが，人として，共通に目指すべき基本的価値は存在するといえるのではなかろうか。自動車の場合，自動車そのものの手入れを入念にし，大切にしなければ，どこへでかけることもできない。行き先は個人個人で異なるが，公道を通らなければならないし，左側通行は守らなければ

ならない。他者の家の前や，田んぼではなく，駐車場に駐車しなければならないなどという共通の規範は守られなければならない。

（1） いのちの尊厳

生活の価値としてまずあげられるのは，いのちの尊厳である。与えられたいのちを慈しみ，いのちを守り育て，全うする営みこそ生活といえる。しかし，現代，暴力による殺傷，親による虐待，自殺など，いのちを軽視する行動が多発してきている。また，体外受精，代理出産，臓器移植，クローン人間等，科学による生命操作と生命倫理の関係も世界的な問題となってきている。さらに，世界を見渡すと飢えや病気，寒さなどで苦しむ人々が多くみられる。自分のいのちはもちろん，他者のいのちの尊厳を大切にしなければならないことを改めて考える必要がある。

人の一生を通していのちの尊厳を考える場合，まず，生命を生み育てることに大きくかかわる女性の健康と権利を守ることに目を向ける必要がある。1994年の国連主催の国際人口開発会議において，リプロダクティブヘルス／ライツ「性と生殖に関する健康・権利」，すなわち，避妊，人工妊娠中絶，性暴力，売春，妊娠，出産などに関する女性の自己決定権の尊厳と保障に関する理念が取り上げられた。この理念が重視されてこそ，健全ないのちを生み，育てることができる。

ついで，生まれた子どもの健康と権利を守ることが考えられなければならない。戦後，児童福祉法の公布，児童憲章の宣言等により，子どもの人権が考えられてはきた。子どもの人権に大きく目が向けられるようになったのは，1994（平成6）年の「児童の権利に関する条約」の批准以降といえよう。にもかかわらず，依然として，子どもの虐待は増加の一途をたどり，逆に，過保護による自立の遅れなども増加しており，子どもの権利が守られているとはいえない状況にある。子どもの人権を大切にする社会を作るにはどうすればよいのか。子どもを私物化せず，社会のものとしてみる視点を育成するとともに，子どもの人権阻害に対する支援策を充実することが必要である。

さらに，病者・障害者，高齢者の健康と権利が守られることを考えなければならない。そのためには，人権意識を育てるとともに，阻害要因を除くための

支援策を充実する必要がある。行政による制度や施策の充実とともに地域ボランティアなどの活性化なども期待される。

(2) 自立と共生

　生活を営むにあたっては,「人は一人で立つことこそ本質である」という「自主独立（independence）」,「自立」と「支えあうことこそ本質である」という「相互依存（interdependence）」,「共生」の両面が車の両輪のような関係である必要がある。この「相互依存」は,「依存」とは異なり,「自主独立」と調和し得る関係にあるといえる[17]。

　まず，自立とは何かについて考えてみる。自立には，生活的自立，経済的自立，精神的自立，社会的自立などの側面があるが，人は本来，これらの自立欲求を強くもっており，それを充たしたいという欲求の強さが，生きる力の原動力ともなっている。乳児期の，ものをつかむ，自分で食べたがるから始まり，はいはい，つたい歩きと，懸命な努力をし，できたときには得意そうに喜ぶという状況は，まさに，自立欲求が充足された喜びといえよう。マズロウがあげている生理的欲求，安全欲求，愛情と所属の欲求，自尊の欲求，自己実現の欲求[18]を自分自身の力で充たしたいという気持ちを自立欲求ということもできる（図Ⅰ-6）。

　近年，この自立欲求が低下してきたといわれている。たとえば，主体的に判断できず，自己決定できない精神的自立能力が低下した人々，親離れができない人々，暴力などの反社会的行動，引きこもりなどの非社会的行動など社会的自立能力が低下した人々の増加なども指摘されている。また，依然として，男性の生活自立能力の遅れには著しいものがみられ，女性の経済的自立を支える条件も十分整っているとはいえない。自立能力を習得し，自立欲求を充足することは，人としての権利でもある。自立能力を高めるための教育の充実とともに，自立を妨げる要因を取り除く政策的な努力も必要となってくる。

　次に，共生価値について考えてみる。先に見たエコロジー思想，エコシステム的考え方は，共生思想を根底にもつ。人との共生については，家族や地域社会，民族，国家，国際社会という広がりの中で，相互依存の関係において，人間関係を作り上げていかなければならない。また，物とのかかわりにおいては，

4. 生活の営みと生活価値

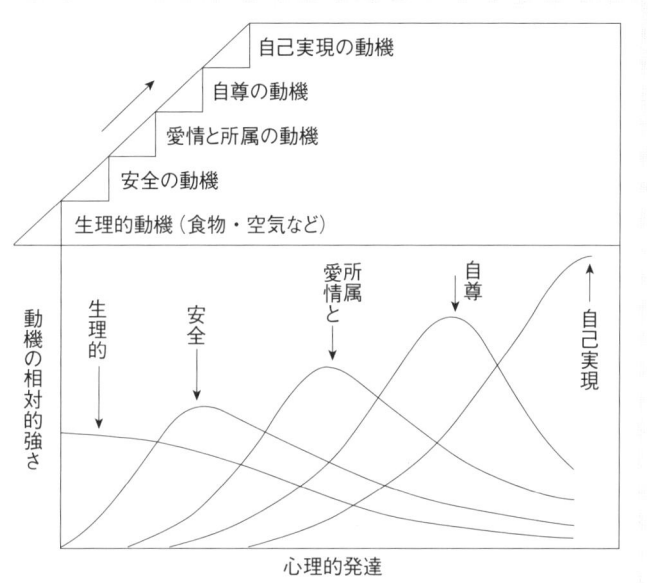

図Ⅰ-6 マズロウの動機の階層と「自己実現」
(福島脩美ほか：教育キーワード，時事通信社，1990)

自然，資源，エネルギーなどと相互依存の関係にあることを理解しなければならない。われわれは，自然から生活に必要な資源を得て暮らしており，使用により生じたごみや炭酸ガスは自然に返される。この経路を循環型にしないかぎり，自然との相互依存関係は破壊される。

(3) 生活の質 (Quality of Life)

大量生産，大量消費の時代には，人々はひたすら量を求めてきた。しかし経済の低成長時代に入り，環境汚染，資源の有限性が問題になるにつれて，生活の価値観の変換が生じ，生活の量よりも生活の質（Quality of Life）に目が向けられるようになってきた。

エーリッヒ・フロムは，財産や知識，社会的地位や権力の所有，すなわち「持つこと (to have)」にこだわるのか，それとも自分の能力を能動的に発揮し，生きる喜びを確信できる生き方，「あること (to be)」を選ぶのかの検討を我々

に促している。「ある」様式の特徴としてあげられている「能動的であること」「与え，分かち合い，犠牲を払う意志」などの価値[19]への気づきは，「持つこと」の限界に気づくことになるのではなかろうか。近年，シンプルライフが推奨され，シンプラーが増加してきているが，その背景には，このような価値観の転換があるといえるであろう。

　経済企画庁でも，従来，貨幣的な指標でとらえられがちであった国民の生活水準把握指標を，非貨幣的な指標を中心に，豊かさを多面的にとらえる指標として，新国民生活指標（PLI：People's Life Indicators）を作成，公表した（1992，平成4年）。このPLIでは，「住む」「費やす」「働く」「育てる」「癒す」「遊ぶ」「学ぶ」「交わる」の8つの活動領域および生活評価軸として，「安全・安心」「公正」「自由」「快適」の4つの軸があげられている[20]。この指標は，従前の社会全体としてとらえた指標と異なり，個人（成人）の視点から生活上の諸相について評価したものを基盤として算出されたもので，国民の生活をより実感的にとらえているといえる。最近のPLI値をみると，図Ⅰ-7のとおりで，「癒す」「学ぶ」は増加しているものの，「育てる」の低下率は著しい。育児環境の改善が課題となっていることがわかる。

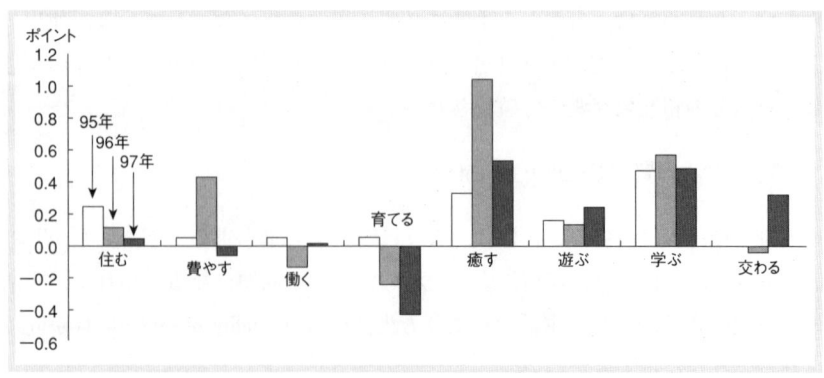

注）各年のPLI数値の前年の数値に対する伸びである。
図Ⅰ-7　「癒す」「学ぶ」が大きく伸びた平成9年　PLI-8つの生活活動領域別
（経済企画庁：平成11年版新国民生活指標（PLI）〈概要〉）

5. 生活の営みと生活資源

　生活の営みに必要な生活資源について考えてみよう。生活資源という考え方は，アメリカ家庭経営学に始まる。そこでは，人的資源と物的資源，経済的資源と非経済的資源などという分類がなされてきた。今日，生活資源のとらえ方にはいろいろな考え方があるが，ここでは，生命保険文化センターが提言している「生活時間資源」「生活空間資源」「人間関係資源」「能力資源」「経済生活資源」の5つの要素でとらえることとしたい（表Ⅰ-1，図Ⅰ-8）。この5つの資源間では，ある資源の獲得は，他の資源の獲得にプラスに影響するという構造があるものと考えられる。この資源分類の考え方は，鹿又伸夫らの「生活資源とは，人間が生活を営んでいくうえで不可欠な生理的欲求や二次的社会化によって後天的に獲得される欲求を満たし，直面する生活課題（衣食住の基本的課題や，余暇・娯楽，貯蓄，健康維持などの課題）を充足・解決するときに調達される財およびサービス，社会関係（交友関係や集団参加），機会（時間や情報）を総称するものとする。」[21]を参考に，さらに，健康や能力などの要素が加えられたものである。

　これらの資源を増加・充実させ，有効に活用し，いかに生活の質を高めていくかが生活経営のねらいともいえる。しかし，これらの資源を得るための個人の努力には限界があり，社会・経済システムを改善し，教育や福祉施策を充実し，これらの資源を誰もが平等に得られるようにする必要がある。

表I-1 生活資源の5つの要素

要　素	内　容
①経済生活資源	・収入,貯蓄などの金銭,および金銭との交換が可能な財(住宅,クルマなど)を指す。
②生活時間資源	・自由に過ごせる時間,仕事をする時間,夫婦の会話時間,地域活動の時間などの生活時間を指す。
③生活空間資源	・生活空間資源には,静的な空間資源と動的な空間資源とがある。 ⅰ) 静的な空間資源：住宅の周辺環境,住宅の広さ,各種機会の場などを指す。 ⅱ) 動的な空間資源：活動空間の広さ(旅行に出かけたりすることなど)を指す。
④人間関係資源	・夫婦関係,親子関係,職場の人間関係,友人との関係,地域との関係などのさまざまな人間関係(たとえば人に依存できる関係,逆に依存しない関係,いっしょにいて楽しめる関係,など)を指す。
⑤能力資源	・生活を送る上で必要な能力,資質,技術(健康,体力,仕事の能力,趣味,家事の能力,介護の技術など)を指す。

(生命保険文化センター：長寿時代の生活設計,1992)

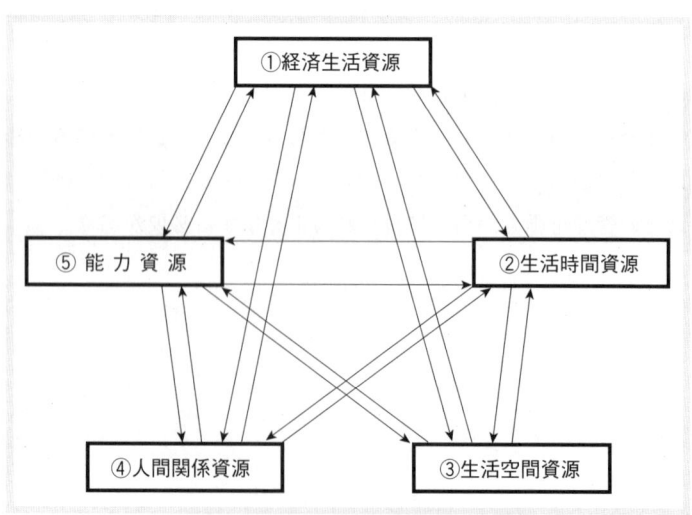

図I-8　生活資源相互の変換構造図
(生命保険文化センター：長寿時代の生活設計,1992)

■引用文献
1) 田辺義一：家政学総論，光生館，p.12，1971
2) 三木 清：生活文化と生活技術，三木清全集第14巻，p.385，387，388，1967 〈初出1941 1月　婦人公論〉
3) 天野正子：「生活者」とはだれか，p.14，中公新書，1996
4) 高橋恵子・波多野誼余夫：生涯発達の心理学，pp.1-2，岩波新書，1990
5) グレン・H. エルダー，本田時雄他訳：大恐慌の子どもたち―社会変動と人間発達―，p.37，明石書房，1986（原著1974）
6) ダニエル・レビンソン，南　博訳：ライフサイクルの心理学　上，講談社，1992（原著1978）
7) 伊藤セツ・天野寛子編：生活時間と生活様式，光生館，1989
8) 湯沢雍彦：新版家族関係学，pp.54-67，光生館，1979
9) 森岡清美：家族周期論，培風館，1973
10) 望月　嵩・本村　凡編：現代家族の危機―新しいライフスタイルの設計―，pp.12-13，有斐閣，1980
11) アンナ・ブラムウエル，金子　務監訳：エコロジー起源とその展開，p.66，河出書房新社，1992（原著1989）
12) 今井光映・今井紀子：アメリカ家政学史，光生館，1990
13) 長嶋俊介，(社) 日本家政学会：家政学用語辞典，朝倉書店，1993
14) ドリス・バディア：家政学のパラメーターの探求，家政学国際交流セミナー報告，日本家政学会誌，第40巻第10号，1989
15) 松原治郎，家庭の生活設計研究会編：家庭の生活設計，pp.1-24，全日本社会教育連合会，1969
16) 正岡寛司：家族過程論，p.22，放送大学教育振興会，1995
17) 森岡正博序，森岡正博編著：「ささえあい」の人間学，pp.15-16，法蔵館，1994
18) 福島脩美ほか：教育キーワード，時事通信社，1990
19) エーリッヒ・フロム，佐野哲郎訳：生きるということ，紀伊國屋，1977（原著1976）
20) http//www5.cao.go.jp/99/c/19990622c-pli.html
21) 生命保険文化センター：長寿時代の生活設計，18-20，1992

II章 変動する現代の生活

　私たちの生活は第二次世界大戦直後（1945年）の食糧不足の窮乏状態から，約20年を経た1968（昭和43）年には国民総生産率は共産圏を除き世界第2位にまで経済成長を遂げた。しかし，1973年の第一次石油ショック以降，デフレ・失業等が徐々に拡がり，現在はバブル経済のパンク（企業・銀行等の倒産）による経済の低成長期である。

　この間の約半世紀を振り返ると，いろいろな企業活動や行政機関による社会構造の変革によって，中流意識8割といわれるように，私たち日本人の平均的生活水準は確実に上がった。しかし，その変化とともに個人・家族，家庭生活の構造や，家族間あるいは地域の近隣関係の意識にも大きな変化が見られる。その要因と影響を項目ごとに見てみよう。

1. 生活構造の変化

（1）産業・就労構造の多様化と女性の社会参画推進による生活の変化

　これまで家で行う炊事・洗濯，育児，介護等の家事労働は，貨幣評価の低い（あるいは評価されない）市場外労働（アンペイドワーク，unpaid work）として，それは主婦・女性の役割であり天職とされてきた。そのため外で働く（ペイドワーク，paid work）女性は少なく特別な存在であった。

　女性の働き方が大きく変わってきたのは，1960年代以降，高度経済成長をめざす国・企業の要請で産業構造が脱農業（第一次産業・自営型）から製造業（第二次産業・雇用労働型）へ，さらにサービス業（第三次産業）へと産業政策の転換が図られたことにある。この過程で大量の雇用労働力が必要となる中，女性の雇用労働化も進み主婦の職場進出も拡大していった（図II-1）。

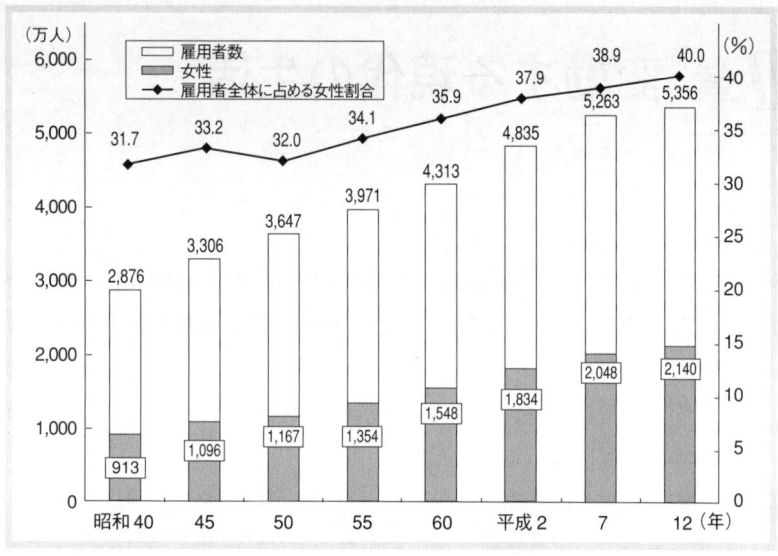

図Ⅱ-1　雇用者数の推移（全産業）

（総務省統計局「労働力調査」）
（財団法人 21 世紀職業財団編：女性労働白書（平成 12 年版），p.8, 2001）

1）女性の就業分野と働く理由

　女性の就業分野は，一般には産業構造が第二次産業から第三次産業への変化とともに製造業の割合が低下し，昨今はサービス，小売り，飲食店，金融・保険業などのサービス業種に集中している。就業女性が働く理由をみると，①教育費や住宅ローンなどの家計を補う共稼ぎ，②社会参画を図って自立や自己開発，能力開発をめざす積極的な共働きとに大別される。ともに就労を可能にし，その意欲を高めたのは育児期間の短縮，家事の省力化による余裕時間ができたことによるライフスタイルの変化が根底にある。

2）働き方

　わが国では，男女ともにその働き方は日本型とよばれる終身雇用・年功序列型であったが，最近は欧米能力主義型ともいうべき自由契約型，年次契約雇用型への変化がみられるようになった。日本人にとってこの新しい働き方のメリット・デメリットは男女それぞれの立場で一律な評価は難しい。

　日本型雇用形態の功罪はおくとして，これまでの女性の労働力は男性とは明

1. 生活構造の変化

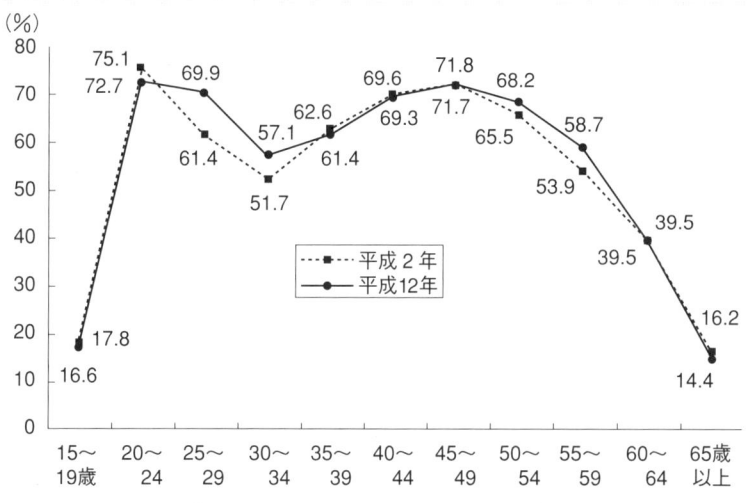

図Ⅱ-2　女性の年齢階級別労働力率
(総務省統計局「労働力調査」)
(厚生労働省雇用均等・児童家庭局編：女性労働白書（平成12年版），p.3, 2001)

らかに異なっていた。年齢階層別にみると20歳代後半から30歳代前半にかけて谷底がみられるM字型を描くのが特徴である（図Ⅱ-2）。すなわち，結婚・出産，育児を機会に一旦仕事を辞め，育児を終えて再び仕事に就くというスタイルである。また，育児後の職場復帰（再就職）では3人に1人がパート労働かアルバイトを選択せざるを得ない傾向であった。しかし，国際婦人年（1975年）以降の婦人の10年の流れの中で「女子差別撤廃条約」が1985（昭和60）年に批准されてから，「男女雇用機会均等法」（1986年4月施行），「育児休業法」（1992年4月施行）あるいは「男女共同参画社会基本法」(1999年6月施行）の公布等により，早朝・夜間の保育延長等の社会的支援が充実されるにつれて，自分の働き方を考えたり，選べる方向が見られるようになった。

(2) 少子・高齢化による生活構造の変化

日本における少子・高齢化は，先に述べた国の産業・就労施策の転換と無関係ではない。はじめに少子化による生活構造の変化を見る。

1） 少子化による影響

　1950年代までの自営農業中心社会では，一般に拡大家族による家族労働が必要不可欠であるため，子ども・家族は貴重な労働力であった。ところが1960年代からの高度技術産業による経済成長と相まって雇用労働の需要が高まり，これを機会に男性の都市への集中化や女性の職場進出が進んだ。この女性の就労は適齢期人口の未婚率の増加につながり，子どもを生む数が必然的に少なくなったり，女性の就労意欲が育児期間を短縮したいとの願いになったり，医療の発達で多産の必要がなくなるなど，さまざまな要因が重なって少子化を早めたといえよう。ちなみに1950（昭和25）年では合計特殊出生率3.65であったのが，1999（平成11）年では1.34（総務省統計局「日本の統計」，2001）となっている。

　この影響はすでに「男は社会，女は家庭」という伝統的な「家」制度からくる性別役割分業による生活構造を崩壊させ，家事労働の家族による協働化，また長男・長女の結婚にもそれは表れている。また，「子育てが終わったら，その後は夫婦単位で生涯子どもに依存しない自立的な生き方（暮らし方）をしよう・しなければならない」と，新たなライフプランへの転換が欧米先進国並みに始まっているのもその影響といえよう。

　一方，国の政策では国や経済の発展には少子化はマイナスとの見解に立って「エンゼルプラン」(1994年12月) の策定に始まり，「新エンゼルプラン」(2002年12月) へと，子育てと仕事の両立支援を目指して具体的な施策が講じられてきた。

　しかし，現代の児童虐待に潜む親子の心の悩みに目を向けた，細やかな子育て・保育支援では現在も多くの課題をかかえている。

2） 高齢化社会の生活問題

　日本における高齢化は，欧米が100年かかって高齢化社会を迎えたのとは異なり，高度経済成長の下，わずか35年で65歳以上の高齢人口が総人口の中で占める割合が倍増（1955年：5.3％→1990年：12.0％）しているのが特徴的である。まさに高度経済成長政策の下で豊富な食糧，高度な医療処置による死亡率の低下が平均寿命を急速に伸ばしたのである。急激な高齢化は少子化，核家族化，女性の社会進出という変化の中で，家族ぐるみの対応の工夫は勿論のこと，国の施策も十分とはいえず，一人暮らしや夫婦のみの高齢者世帯の健康，

医療・介護，高齢者自身の生きがい等，さまざまな生活問題が生じている。

a. 高齢者の生活保障　これまでの高齢者所得は，社会的には60歳で公的年金が支給され，健康・医療面での基本的な部分は国民健康保険（医療保険）が保障してきた。しかし高齢者の急増で年金支給年齢の延長（65歳以上）問題が生じたり，医療費においても個人負担増の割合を年齢で格差をつけるなど，個人負担増は避けられない現実となっている。

b. 介護休業制度と介護保険の導入　家庭内要介護老人は，これまでは主として家族（妻・子ども・嫁の立場）が面倒を見るのが当たり前であった。そのためこれまでの要介護老人に対する社会福祉施策の積み上げはないも同然であった。しかし現実は要介護者の急増（1993年：約200万人→2025年：520万人推計）が予測される21世紀である。

今世紀，少子・高齢社会において，このままでは家庭介護者の5割以上が60歳以上になる老老介護となり，家族だけによる介護は困難となる。そこに導入されたのが「介護休業制度」と「介護保険制度」である。介護保険制度は医療保険から介護部分を切り離し，高齢者にも無理のない範囲で保険料と利用料を負担してもらう保険制度である。実施後日が浅く，両制度ともに認定のあり方にばらつきがあったり，介護保険では利用料の支払い能力の有無によっては十分な介護が受けられないこともある等，受ける側からみた基盤整備が急がれている。

c. 生きがい探しの社会参加（生涯学習）　これからの人生80年（男性；77.10，女性；83.99）は，一人暮らしや夫婦単位の生活時間が増えてくる。日常的には自身の衣・食・住のことや健康，医療は自己管理が中心になるが，高齢者自身の余暇時間の使い方・生きがい探しの社会参加（生涯学習）は一人では難しい。とくに地域における近所づきあいが薄くなってしまった社会で，新たな仲間探し・自己実現を支援しているのが生涯学習制度である。この必要に対する生涯学習の中身は，趣味，教養，娯楽，スポーツと与えられるメニューは多くなったが，一人ひとりが参画する社会的ボランタリーや生涯学習システムの充実はこれからである。ライフプランの見直しを通して若い時代から，各自が考えなければならない課題でもある。

(3) 家族構造の変化

村上龍著『最後の家族』(幻灯舎)がテレビの連続ドラマで放映された(2001年10月)。このドラマの家族を「寂しい」と見るか「よくある話ではないの」と肯定するかは各自の家族観により多様である。

家族観・家族構造の変化は1960年代以降の欧米諸国に始まり、1970(昭和45)年頃から日本でも同様の変化がマスメディアで指摘され、身近でも離婚・再婚の増加、未婚・晩婚化の話題が多く聞かれるようになった。

1) 結婚形態の変化

結婚観の変化(第Ⅱ章-2-(2))により、未婚率の上昇はあるものの、未婚男女に結婚の意思をたずねると、「一生結婚するつもりはない」との回答は、男女とも5～6％とわずかで、大多数は結婚を希望している。その理由の一つに自由を楽しみたい」とあるが、そのためか最近では、婚姻制度に縛られない結婚形態として、事実婚(非婚カップル)、かよい婚(お互いに相手の家に通い合

表Ⅱ-1 アメリカの多様な家族形態(Types of Families)

形　　態	
・核家族(Nuclear Family)	・独身の男女が結婚によりカップルをつくる。結婚後、多くは彼等自身の子どもを得る。
・ひとり親家族(One-Parent Family/includes one or more children)	・父か母かどちらかの親で、子どもがいる。離婚、離ればなれ、死亡(未亡人、やもめ)、未婚がひとり親になる原因である。
・混合家族(Blended Family/Stepparent Family)	・片親家族の結婚で混合家族が誕生する。子どもにとって親のどちらかが継親(まま父・母)になる。継親は子どもを連れているかもしれない。2つの家族が一緒になってできた混合家族は、新たな家族とさまざまなチャレンジをすることになる。
・拡大家族(Extended Family)	・拡大家族は、他の家族形態と異なり、成人した子どもが一つの家に住む。祖父母、叔母・叔父、いとことの同居もある。現在はこの形態は少なくなっている。
・単身家族(Single Family)	・自由を望んで単身で暮すことを選択している場合もあるが、夫や妻の死亡、離婚、離ればなれが単身になる原因である。

(Louise A. Liddell, Building Life Skills, pp.58-60, USA, 1989 より作表)

1. 生活構造の変化

う）などの選択も見られ，社会的な認知も高まっている。

2）離婚・再婚による家族形態の多様化

女性の就業機会が増えたこと，不幸な結婚を我慢することは自分も子どもも不幸である，とする考え方が社会的にも受け入れられるようになったことで，離婚・再婚率の上昇傾向が見られるようになった。そのため離婚経験者同士による再婚や子連れ再婚，単親家庭など多様な家族の形態が出現している（表Ⅱ-1）。

3）核家族化・小家族化による家族機能の縮小

家族はこれまで愛情伝達，保護（心身の休養と安全），生産（労働力・資本の提供），教育（養育）などの諸機能をもってきた。しかし，高度経済成長期以降，産業構造の変化によって生産に必要だった家族労働への要請も弱まり，民法改正（表Ⅱ-2）とも相まって一般世帯の家族類型別割合は変化している。1985（昭和60）年以降の推移をみると，核家族世帯のうち「夫婦から成る世帯」の割合は縮小傾向にあり，「夫婦のみの世帯」と「ひとり親と子供から成る世帯」，「単独世帯」の割合が拡大傾向にある（総務省国勢調査，2000）。したがって厚生労働白書（2001年版/平成13年版）によると2000（平成12）年の平均世帯人

表Ⅱ-2 家族に関する法律（新・旧民法の比較）

	旧民法 （1889年施行）	現行民法 （1947年改正）	
家	「家」の尊重	「個人」の尊重	
婚姻	・男30歳，女25歳までは戸主の同意が必要。 ・妻は夫の「家」に入る。 ・夫の氏を称する。	・未成年者は親の同意が必要。（731条） ・夫婦は平等。 ・結婚の時決めた夫または妻の氏を称する。（750条）	→ 男は満18歳，女16歳にならなければ結婚できない（731条）（男女平等の観点から男女18歳とすることについて検討中） → 子どもは，父母の氏を称する（790条）。選択的夫婦別姓については，男女共同参画会議基本問題専門調査会等で検討中。
相続	・あととり（おもに長男）のみ	・配偶者と子ども（非嫡出子の相続分は嫡出子の1/2，900条ただし書き）	→ 非嫡出子の相続分の平等化が法制審議会答申にみられる。

（判例六法編修委員会編：2002年模範六法（平成13年法41号），三省堂，2001）
http//www.gender.go.jp/danjo-kaigi/kihon/siryo002/2-betu1.html より作表

数は2.76人である。約50年前の1953（昭和28）年の平均世帯人数5.00人と比べるとその小家族化の著しさがうかがえる。

さらに経済的繁栄は家事労働の商品化・サービス化を進め，これまで家庭で営まれていた機能の多くが徐々に外部化され，現代は愛情伝達のコア機能だけに縮小されつつあるが，この愛情伝達機能ですら問題が多いことを日々のニュースは伝えている。

この家族機能の外部化（社会化）は，これまでの「家族を維持するために家族の中の自分（個人）の生き方を犠牲にするのも止むをえない」という家族観から「個人（自分）のために家族はある……」とする自己中心的な家族との関係性に動いている。この変化をふまえると，これからの親子，夫婦それぞれの家族は，家族関係の絆を大事にしながらも，個人の精神的・経済的自立を促す家族支援を積極的に行いながら，新たに地域社会の人々との連携が求められているとみるべきであろう。

（4） 生活の社会化による生活スタイルの変化

これまで述べてきたように，産業構造の変化，それにともなう経済社会の発展は多様な家電製品の開発を促し，それによる家事労働の商品化やサービス化は家事労働を省力化し，それによる女性の就労，少子・高齢化，核家族化の諸現象とも重なって，これまで家庭で担ってきた家事労働の多くの機能を外部の専門家に委ねる（お金で買う）ようになった。これが生活の社会化である。

日常的には調理済み食品の利用，既製服の購入，保育や介護サービスの利用などがあげられるように，農山村・都市に限らず都市的生活様式で多くの人々が格差のない生活を選択できるようになったのである。

その結果，夫婦・男女，子ども・若者，高齢者の生活にさまざまな変化をもたらした。プラス面で見ると，企業・行政，協同組合等によって供給される生活関連商品・サービスの多様な利用で，生活の均質化，生活手段の選択・入手方法の拡大，自由（余暇）時間の増大，健康管理の徹底による寿命の延長等がある。しかし，家事労働への参加によって家庭内で学んできた「生きる力」の基礎的な技能の低下や伝統文化継承の難しさ，生活活動・運動不足による心身の疾患，画一的商品・サービスの利用による生活の独創性や個性の喪失，人間

関係の希薄化など，マイナス面も多大であることを見落としてはならない。

今後，高齢社会に対応した新たな商品・サービスの開発で生活の利便性は増大するであろうが，生活の社会化のマイナス面に注意しながら，安心できる良質な商品・サービスへの監視や要求を怠らないようにしたい。また提供されるものに手を加えるなどの工夫も必要である。さらに，自分たち（生活者）による協同活動によっても，よりよい生活の社会化を進める中で，自分流の生活スタイルを創っていく積極性ももたなければならない。

2. 変化する生活意識

(1) ジェンダー意識の変化

戦後，進学率が次第に高まり，それにつれて，女性の就業率も次第に高まってきた。しかも女性の職場進出のための条件は十分備わっていないため，女性にとって「仕事か家庭か」は大きな悩みとなってきた。

1955（昭和30）年には，第一次主婦論争が始まった。そこで，提起された議論は，①職場進出論—経済的自立のないところに人格的自立がない，経済権の確立に加えて，現状打破のためにも主婦情況をまず打ち破ることを志向する。②家庭擁護論—家庭は愛情関係による人間本来の生活の場。社会に対しても重要な役割を果たしている。主婦労働の価値をとらえなおすべきだ。③主婦運動論—労働力を商品化しないでよいという主婦の特権的立場を利用し，人間物化の現状をうちこわす道をさがし，そのための努力をする。という3つの論が闘わされた。1960（昭和35）年に始まった第二次主婦論争では，主として①と②の立場から，家事労働の有償論,無償論が闘わされ，1972（昭和47）年の第三次主婦論争では，さらに，主婦解放論に焦点があてられた[1]。このような論争を通して，女性の仕事と家庭の問題が議論されてきたが，その後も，家事，育児，介護，リサイクルなどを含むアンペイドワークについての議論は続けられてきている。

国際的にも，女子差別に関する問題が取り上げられるようになり，わが国も1985（昭和60）年の国際婦人年世界会議（ナイロビ）で，同条約（女子差別撤廃

表Ⅱ-3 男女共同参画社会への歩み

年	女性問題等をめぐる動き	関係法令等
1945（昭和20）		女子教育刷新要項発表
1946（昭和21）	男女平等による総選挙	日本国憲法公布
1947（昭和22）		日本国憲法施行，民法改正，教育基本法制定，戸籍法改正 児童福祉法公布
1948（昭和23）	主婦連合会結成	改正民法施行　優生保護法公布
1949（昭和24）	日本家政学会発足	
1951（昭和26）		児童憲章制定
1952（昭和27）	全国地域婦人団体連絡協議会結成	
1953（昭和28）	日本婦人団体連合会結成	
1955（昭和30）	第一次主婦論争始まる	産前産後の補助教員に関する法律公布
1956（昭和31）		売春防止法公布
1957（昭和32）		売春防止法一部施行
1958（昭和33）	日本家庭科教育学会発足	売春防止法全面施行
1960（昭和35）	第二次主婦論争始まる	高等学校学習指導要領改訂（家庭科女子必修）
1963（昭和38）		老人福祉法公布，高校家庭科女子必修実施
1964（昭和39）		母子福祉法公布
1970（昭和45）	高齢化率7％を超える	障害者基本法公布
1972（昭和47）	第三次主婦論争始まる	
1974（昭和49）	家庭科の男女共修をすすめる会発足	
1975（昭和50）	国際婦人年世界会議（メキシコ）	世界行動計画策定 女子教員等育児休業法公布
1979（昭和54）	国際児童年	婦人差別撤廃条約採択
1980（昭和55）	国際婦人の十年中間年世界会議（デンマーク）	婦人差別撤廃条約署名 民法一部改正（妻の相続分2分の1へ）
1981（昭和56）	国際障害者年	
1985（昭和60）	世界婦人会議（ナイロビ）	女子差別撤廃条約批准 男女雇用機会均等法公布
1989（平成元）		学習指導要領改訂（家庭科男女共修） ゴールドプラン策定
1991（平成3）		育児休業法公布
1994（平成6）	国際家族年 高齢化率14％を超える	新ゴールドプラン策定，エンゼルプラン策定，児童権利条約批准
1995（平成7）		世界女性会議「行動綱領」「北京宣言」採択 高齢社会対策基本法公布 「男女共同参画ビジョン」公表
1996（平成8）		男女共同参画2000年プラン策定
1997（平成9）		男女雇用機会均等法公布，介護保険法公布
1999（平成11）		男女共同参画社会基本法制定，ゴールドプラン21策定，新エンゼルプラン策定 介護休業の義務化
2000（平成12）		介護保険法施行

条約）を批准した（表Ⅱ-3）。このような流れの中で，高等学校家庭科の女子必修が問題となり，1989（平成元）年の学習指導要領の改訂で，中高家庭科の男女必履修が成立した。1999（平成11）年には，わが国において男女共同参画社会基本法（資料1, p.140）が公布され，政策全体をジェンダーの視点で，とらえなおそうという考え方が盛んになってきている。しかし，国際的に見ると，日本は，人間開発指数（基本的能力の達成度）は世界第4位，ジェンダー開発指数（基本的能力の達成度の男女差）は第8位であるが，ジェンダーエンパワーメント測定（女性の社会参加, 意思決定への参加）は，第38位となっており（国連開発計画「人間開発報告書」1999），わが国の女性の社会参加，意思決定への参加が世界的に見ていかに低いかがわかる。

以上，ジェンダー意識の変化の若干についてみてきたが，男女共同参画社会への歩みと関連事項の概要を表Ⅱ-3にあげる。

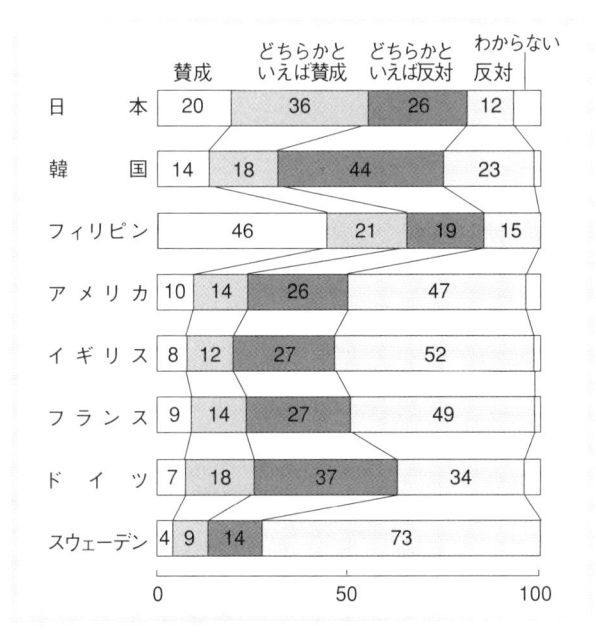

図Ⅱ-3 「夫は外で働き，妻は家庭を守る」という考え方について（国際比較％, 女性1992）
（東京都生活文化局：女性問題に関する国際比較調査, 1994）
（井上他編：女性のデータブック　第2版, 有斐閣）

ジェンダー意識の変化の一端を，厚生省の「夫は外で働き，妻は家庭を守る」に関する調査（厚生白書，平成10年版）にみると，賛成，どちらかといえば賛成は，あわせて，女性の場合，1972（昭和47）年83.2％であったものが，1997（平成4）年には，51.9％に減少している。男性についても，1972年83.8％であったものが，1997年には64.9％に減少している。このように，男女差はあるものの，性別役割分業意識は次第に変わってきていることがわかる。しかし，東京都生活文化局の同設問による調査（「女性問題に関する国際比較調査」(1994，平成6年)）によると，賛成，どちらかといえば賛成あわせて，アメリカ24％に対して日本は56％で，国際的に見れば，ジェンダーイクイティ意識は決して高いとはいえない。

（2） 家族観・家族意識の変化

戦後の改正民法では，家制度が否定され，個人を中心とした家族像が提唱された。一方，経済の高度成長などにより核家族化，小家族化現象が生じてきた。

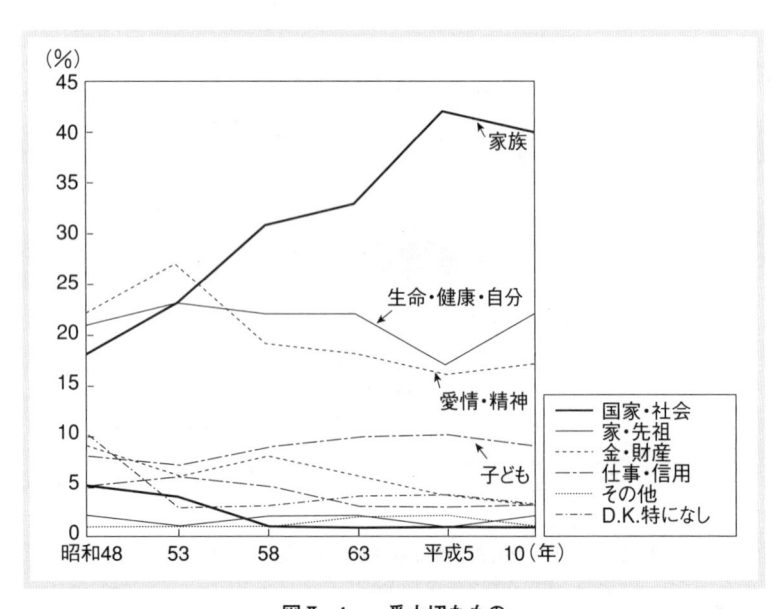

図Ⅱ-4 一番大切なもの
（文部省統計数理研究所：日本人の国民性調査）

2. 変化する生活意識

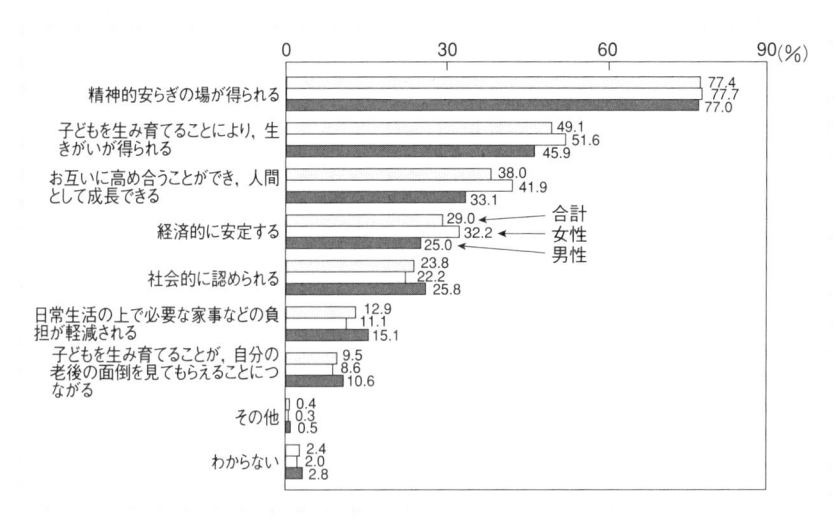

図Ⅱ-5 家庭のもつ役割（複数回答）
（内閣府：男女共同参画社会に関する世論調査, 平成12年）

このような状況のもとで,「家族のために個人がある」という考え方から「個人のために家族がある」という考え方が台頭してきた。いわゆる家族の個人化意識[2]である。家制度家族からマイホーム家族, さらにホテル家族へと家族イメージも大きく変化してきた。しかし, 日本人の国民性調査（文部省統計数理研究所）によると, 一番大切なものとして, 家族をあげる者が1980（昭和55）年代以降, 最も多くなり, その後も上昇し続けている。1993（平成5）年に比して1998（平成10）年にはやや下がっているものの, 依然として, 家族が一番大切と考える者が最も多い（図Ⅱ-4）。また, 内閣府の「家庭の持つ役割」に関する調査（「男女共同参画社会に関する世論調査」2000）によると, 1位に「精神的安らぎの場」をあげる者が最も多く（図Ⅱ-5）, 日本人の多くは, 家族を大切と思い, 家庭に情緒的機能を求めていることがわかる。

家族の機能は次第に変化し, 従来からあげられていた構成上の特質も機能上の特質も家族を規定するものとはいえなくなり, 心のつながり, 情緒的機能が家族機能の中核となっていることがわかる。したがって, この機能を失った家族は, 崩壊せざるを得ないといえるであろう。

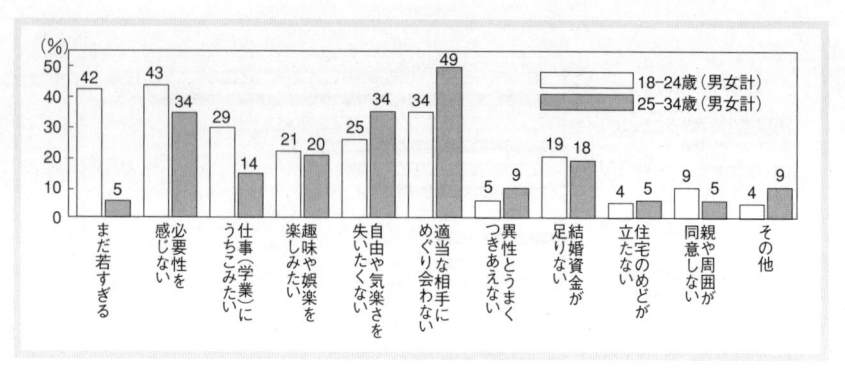

図Ⅱ-6　独身の理由

注）未婚者のうち何％の者が，各項目を主要な独身にとどまっている理由（3つまで）として考えているかを示す（速報値）。
（国立社会保障・人口問題研究所：第11回出生動向基本調査，1997）

1）結婚観・離婚観の変化

今日，未婚率が高まり，晩婚化が指摘されている。国立社会保障・人口問題研究所の調査（「出生動向基本調査」1997，平成9年）によると，ある年齢までには結婚するつもりという者が，1989（平成元）年男60.4％，女54.1％であったものが，1997（平成9）年には男48.6％，女42.9％と，この10年間で大きく減少している。独身の理由をみると，18-24歳では，「必要性を感じない」が43％と最も多く，25-34歳では，「適当な相手にめぐり会わない」が49％と最も多くなっている。ついで，「自由さを失いたくない」，「仕事や学業に打ちこみたい」，「趣味や娯楽を楽しみたい」など自己実現のための理由があげられている（図Ⅱ-6）。パラサイトシングルなどにもみられるように，結婚のメリットをあまり感じなくなっていることがわかる。

また，厚生省の「結婚しても相手に満足できないときは離婚すればよい」という考え方についての調査（「厚生白書　平成10年版」）によると，女性の場合，賛成者は1972（昭和47）年には2.8％であったものが，1997（平成9）年には，24.5％となっており，離婚に対する意識も大きく変化してきている。離婚の際の子どもの権利としての面接交渉権が認められる割合も，次第に増加してきている。

2. 変化する生活意識

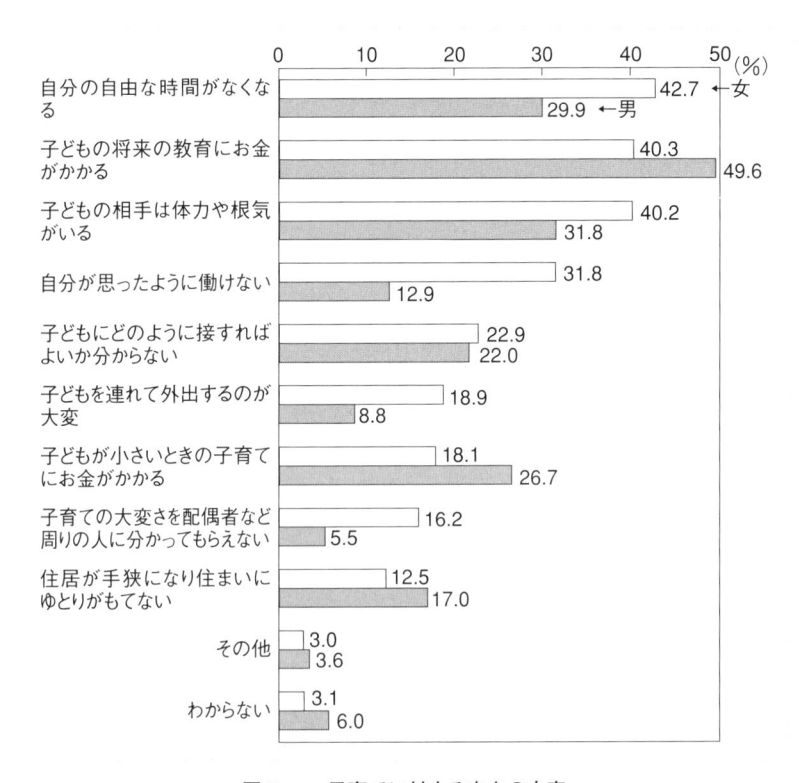

図Ⅱ-7 子育てに対する辛さの内容

項目	女 (%)	男 (%)
自分の自由な時間がなくなる	42.7	29.9
子どもの将来の教育にお金がかかる	40.3	49.6
子どもの相手は体力や根気がいる	40.2	31.8
自分が思ったように働けない	31.8	12.9
子どもにどのように接すればよいか分からない	22.9	22.0
子どもを連れて外出するのが大変	18.9	8.8
子どもが小さいときの子育てにお金がかかる	18.1	26.7
子育ての大変さを配偶者など周りの人に分かってもらえない	16.2	5.5
住居が手狭になり住まいにゆとりがもてない	12.5	17.0
その他	3.0	3.6
わからない	3.1	6.0

注）「(子育てが) 辛いと感じるときの方が多い」「楽しいと感じるときと辛いと感じるときが同じくらい」と考えた者に，複数回答。
（総理府広報室：少子化に関する世論調査，平成11年）

2）育児意識の変化

　戦後，産児制限が行われるようになって，子どもを産む，産まない，子どもの数などをある程度意思の力でコントロールできるようになった。授かりものであった子どもが選択の問題となってきたことにより，子ども観も変わってきたといえる。

　総理府広報室の「子育てに関する辛さの内容」に関する調査（図Ⅱ-7）によると，第1位に女性は自分の時間がなくなることを，男性は子どもの将来にお金がかかることをあげており，育児そのものよりも，自分自身の時間やお金の問題をあげる者が多い。

3） 老後意識・老親扶養意識の変化

1970（昭和45）年に，高齢化率が7％を超えて以来，高齢者問題が注目されるようになってきた。今日では14％を超え，一般に高齢社会といわれ，高齢期をどう生きるか，高齢者の介護をどうするかはますます大きな課題となってきている。高齢者としては，経済や介護については，できるだけ自立した生活を望む者が多いが，総務庁の「子・孫との付き合い方」に関する調査（「高齢者の生活と意識第4回国際比較調査，1997，平成9年」）によると，「孫と一緒に生活できるのがよい」とする者は，欧米ではまことに少ないのに対して，日本では，女性53.6％，男性54.9％で，韓国，タイでも，50〜60％程度を占めており，アジアでは，孫世代との交流，ひいては家族との交流を望む者が多いことがわかる。

ところが，総務庁の「老親扶養意識」調査（「世界青年意識調査報告」1998，平成10年）によれば，「どんなことをしても親を養う」とする者は，タイでは女性78.2％，男性75.6％，アメリカでも，女性，男性各66.0％であるのに対して，日本では，女性25.0％，男性25.7％とかなり低い。スウェーデンでは，日本より低いが，この国では，国民負担率が高くそのことが影響していると考えられる。公助に期待するとすれば，国民負担率を高めなければならない。わが国では，急速な高齢化への対応が迫られ，経済の面でも意識の面でもとまどっている状況といえるであろう。高齢者世代と子ども世代の意識のずれをどう調整していくかも，今後の課題といえよう。

（3） 地域社会意識の変化

1） コミュニティ意識の変化

戦前の共同体は，隣組制度等のように上から作られたもの，上から規制されたもので，国家のための共同体という性格を多分にもっていた。しかし，産業化，都市化とともに，このような共同体は次第に崩壊してきた。ところが，近年，地域社会の再生の必要性が提言されるようになり，新たな共同体としてのコミュニティづくりに目が向けられるようになってきた。たとえば，マンション管理自治会，町づくり運動等の活動が盛んになってきている。

2. 変化する生活意識

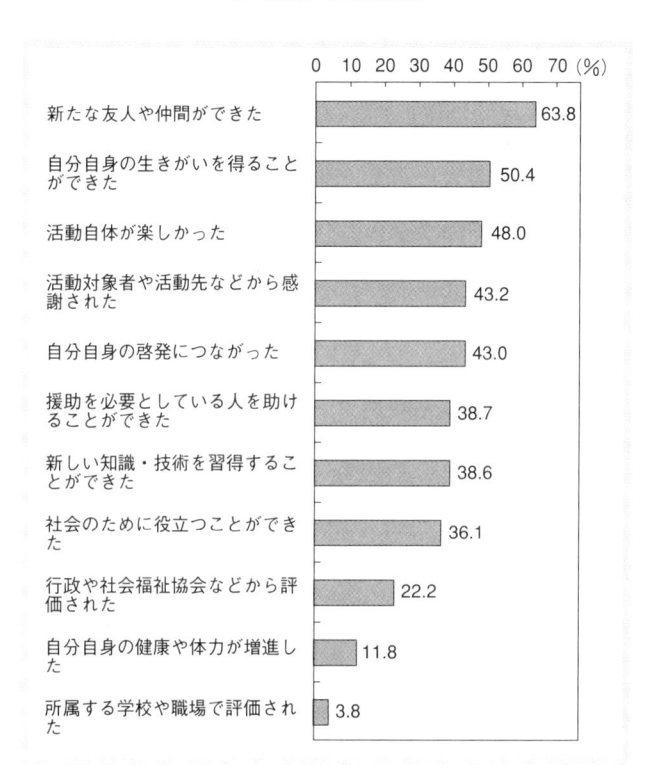

```
                                    0  10 20 30 40 50 60 70 (%)
新たな友人や仲間ができた                                63.8
自分自身の生きがいを得ることができた                    50.4
活動自体が楽しかった                                    48.0
活動対象者や活動先などから感謝された                    43.2
自分自身の啓発につながった                              43.0
援助を必要としている人を助けることができた              38.7
新しい知識・技術を習得することができた                  38.6
社会のために役立つことができた                          36.1
行政や社会福祉協議会などから評価された                  22.2
自分自身の健康や体力が増進した                          11.8
所属する学校や職場で評価された                           3.8
```

注 1.「これまでのボランティア活動を通じて，良かった点はありますか。次の中から当てはまる番号にいくつでも○をつけて下さい。」という問に対する回答者の割合（複数回答）。
2. 回答は上記以外に「無回答」が 1.8 %，「その他」が 1.6 %，「特にない」が 1.2 %。
3. 数値は，団体所属活動者 3,193 人，個人での活動者 848 人の合計 4,041 人に占める回答者の割合。

図 II-8 精神的充実をもたらすボランティア活動
（全国社会福祉協議会：全国ボランティア活動者実績調査提出書, 1996）

2）ボランティア意識の変化

地域社会の再生のためには，ボランティア活動が重要である。特に阪神淡路大震災におけるボランティア活動以来，環境問題，福祉問題に関するボランティア活動が注目されてきたが，学校教育においても，ボランティア意識の育成が注目されてきている。内閣府の国民生活選好度調査（2000，平成 12 年）によると，ボランティア活動をしたことがある者が女性 31.6 %，男性 30.7 %であ

るのに対して，ボランティア活動に参加したいとするものは女性67.0％，男性62.8％とかなり多いことがわかる。全国社会福祉協議会による「ボランティア活動者の意識調査」(「全国ボランティア活動者実態調査報告書」1996)をみると，「新たな友人や仲間ができた」「自分自身の生きがいを得ることができた」などボランティア活動が精神的充実をもたらすものであることを指摘している。

(4) 生活経営意識の変化

1) 家事意識

主婦論争にもみられたように，家事は，永い間女性にとっての足かせであった。現在でもその傾向は続いているが，技術革新により，機械化，外部化・社会化が進み，家事時間，家事内容・程度は大きく変わってきた。特に被服に関する家事の変化は著しく，洗濯機の普及で洗濯は省力化されるようになり，既製服化に伴い，今や手づくりは趣味化してきている。家庭料理についても，完全手作りから，部分手作り，半調理品，調理済み食品，完全調理食品(容器入り，出前，仕出しなど)までの段階が選択できるようになってきた。

国民生活センターの「主婦の家事意識」調査(国民生活動向調査」1998，平成10年)によると，家事に負担を「いつも感じる」「ときどき感じる」は計70％であった。しかし，夫の家事参加を希望するものは，部屋の掃除33％，乳幼児の世話19％と意外に少なく，家事サービス業者利用に抵抗感を感じる者は81％もみられ，家事の省力化に対して主婦は複雑な気持ちを持っていることが分かる。

当然とはいえ，専業主婦と就業主婦では，家事観も家事時間も大きく異なる。

2) 家計・消費意識

技術革新期，高度経済期に入り，GNPが世界第2位になったころから高度消費社会が訪れた。便利な生活用品がお金をだしさえすれば何でも手に入るようになった。経済の低成長時代を迎えた今日，「経済白書　平成12年版」の「消費支出についての考え方」を見ると，「基本的には，収入が増えれば支出も増える」と考える者が62.6％と大多数を占めるが，次いで，「将来の不安があるかないかによって支出は変わる」と考える者48.3％，「税金や社会保険料などによっても支出が変わる」と考える者31.7％となっており，将来設計の必要

2. 変化する生活意識　　　39

項目	%
基本的には，収入が増えれば支出も増える	62.6
現在の収入よりも将来の不安があるかないかによって，支出は変わる	48.3
税金や社会保険料によっても手取り収入は変わるので，支出はこれらの影響も受ける	31.7
買いたいと思わせるような魅力的な商品やサービスがあるかどうかで支出は変わる	14.7
似たような新商品が次々に登場したり短期間で価格が大きく変わったりすると，買い時の判断が影響を受けるから，支出は変わる	5.2
住宅などの不動産を持っているので，こうした資産の値上がりや値下がりによって，支出は変わる	4.3

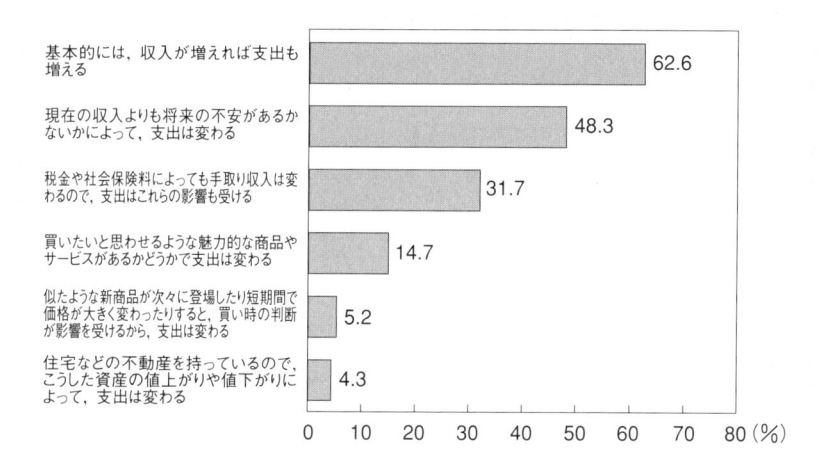

注）1．日本銀行「生活意識に関するアンケート調査」（第10回，2000年3月実施）による。
　　2．2つまでの複数回答。

図Ⅱ-9　自らの消費支出についての考え方
（経済企画庁：経済白書　平成12年版）

項目	そう思う	どちらかといえばそう思う	あまりそう思わない	そう思わない	わからない	無回答
生活が不便になっても構わない	18.3	36.3	20.2	18.2	4.6	2.4
製品価格が高くなっても構わない	14.1	29.7	22.6	26.9	3.8	2.9
必要な費用は課税しても構わない	14.3	27.7	24.5	26.4	4.3	2.8
環境団体等を支援する	10.3	27.9	27.0	19.3	12.3	3.2

(n=2551)

図Ⅱ-10　環境保全についての意識
（環境庁：環境白書　平成13年版）

性や非消費支出と消費支出の関係について考えている者が多いことがわかる（図Ⅱ-9）。低成長が，経済のしくみに目を向けさせるきっかけになったといえよう。

3）環境保全意識

環境問題がクローズアップされるようになったのは，1972（昭和47）年のストックホルムで開かれた国際連合人間環境会議以来といえよう。今日，温暖化は世界的な問題となり，省エネルギーが問題となってきている（Ⅳ章2（1），p.71）。環境庁の「環境保全に関する意識調査」（「環境白書　平成13年版」）によると，「生活が不便になっても構わない」について「そう思う」「どちらかといえばそう思う」という者が合わせて54.6％と否定的意見を上回っているが，「価格が高くなること」への賛成者43.8％，「必要費用の課税」への賛成者42.0％，「環境団体支援」への賛成者38.2％で，環境保全意識は，決して高いとはいえない（図Ⅱ-10）。これからの教育において重視しなければならない課題といえる。

■引用文献
1) 上野千鶴子：主婦論争を読む　ⅠⅡ，勁草書房，1982
2) 目黒依子：個人化する家族，勁草書房，1987

■参考文献
・松村祥子：現代生活論，放送大学教育振興会，2001
・臼井和恵他：21世紀の生活経営，同文書院，2001
・日本家政学会編：変動する家族，建帛社，1999
・判例六法編修委員会編：2002年模範六法，三省堂，2001

III章 協働・共生社会を拓くライフスキル

1. 生活問題解決とライフスキル

(1) 生活問題解決能力

　自分らしい生活を拓くには，主体的に生活問題を解決し，生活を創造できる能力が必要である。生活問題とは，日常生活において生活者が直面し解決をせまられている問題であり，個人的問題から社会的問題までのひろがりをもつ。この生活問題を解決する力の中核を占める能力としては，推論的思考能力，批判的思考能力，判断力などを含むデューイの反省的思考（reflective thinking）能力があげられる。

　ひとくちに生活問題解決能力といっても，活用される場面によって，その様相は異なる。以下，それぞれの場面に必要とされる生活問題解決能力について考えてみたい。

① 個人や家族が直面する個人的生活問題の解決にあたっては，個人・家族が主体的に取り組む必要がある。しかし，個人・家族の力には限界があり，その場合，地域の人々やボランティア，NPO，行政などの支援システムに関する情報を収集し，支援を受ける必要がある。

② 共通の悩みや問題をもつ者同士の生活問題，たとえば，まちづくりや，マンション修理などのような地域社会の問題，同じ病い，同じような被害を受けて悩んでいる人々の生活問題などについては，関係者同士で協力して問題解決に取り組む必要がある。このような場合，十分な議論を繰り返し解決法についての合意を形成するという集団による問題解決能力が必要である。

③ 自立できない弱者にかわって，彼らが問題解決をするための援助をする能力も必要となってくる。行政による支援システムを活用する能力をもたない人々に対して，たとえば，行政との橋渡しをするためのボランティアによる電話相談などがあるが，その場合，相談者の立場にたつことのできる共感能力が必要となってくる。

④ ジェンダー問題，人権問題，教育問題，福祉問題，経済問題，労働問題，医療問題，食料問題，環境問題等々，自他の現在の生活はもちろん，これからの生活に大きく影響する生活問題がある。これらの問題に対しては政治的解決を要するが，そのためには，市民としての感受性（sensitivity）を養うことが必要である。市民による世論の高まり，草の根的活動がきっかけとなって，問題解決が可能となった場合も多い。問題への感受性は，正確な情報を得ることから始まる。情報源としては，新聞，テレビ，雑誌などをはじめとして，パンフレット，報告書，インターネット，講演会，シンポジウム等々があるが，常に社会的問題への関心をもち，客観的・適切な情報を収集し，適切な判断をすることが必要である。行政の側でも，幅広い範囲から人選した審議会などを通して，市民の意見を十二分に反映するよう努力する必要がある。

（2） ライフスキル

ライフスキルという語は，健康教育において用いられたのがはじめといわれるが，最近では，生活問題解決能力にも適用されるようになってきた。WHOではライフスキルを，「日常生活で生じるさまざまな問題や要求に対して，建設的かつ効果的に対処するために必要な能力」[1]とし，スキルを，狭義の技術・技能ではなく，能力（abilities）ととらえている。三木清も，「主体が積極的な仕方で環境に適応するために，これに働きかけてこれを変化し，新しい環境を作っていくところに技術は存在するのである。」「我々の環境であるのは，自然のみでなく，社会も環境である。自然に対する技術があるように，社会に対する技術がある。」[2]と，技術を広くとらえている。

このように，広義の生活技術，ライフスキルは，生活を主体的に創造するために，生活主体が生活環境（自然環境および社会環境）に働きかける力，すなわ

1. 生活問題解決とライフスキル

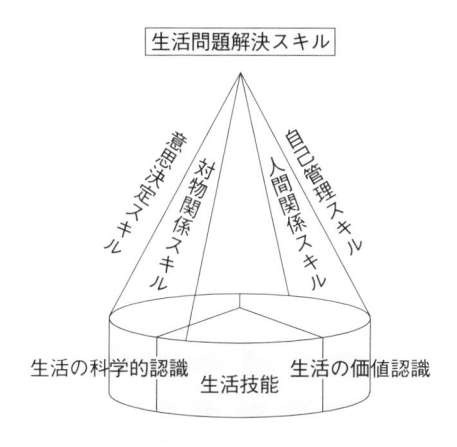

図Ⅲ-1 生活問題解決スキル（ライフスキル）の構造

表Ⅲ-1 生活問題解決スキル（ライフスキル）の下位能力

ライフスキル	生活技能	生活の科学的認識（事実認識）	生活の価値認識
自己管理スキル	生活習慣管理スキル 金銭管理スキル 感情管理スキル	自己認識（心身） 自己管理方法の理解	自己効力感 自立・自律価値の認識 アイデンティティ
人間関係スキル	説明・交渉スキル 親和感表出スキル 協働スキル サポートスキル	人間関係ルールの理解 人間関係心理の理解 仕事の分担実態の認識	家族への関心 人間関係への関心 家事労働観 思いやり意識 支えあい意識 ジェンダー意識 人権意識 共生意識
対物関係スキル	制作（物づくり）技能 活用技能 整備技能	材料の科学的性質の理解 物の循環システムの理解 生産・加工・管理プロセスの理解	衣食住への関心 資源・環境への関心 手づくりの価値認識 環境保全意識
意思決定スキル	価値の明確化スキル 情報収集・整理スキル 情報加工・創造スキル 情報活用・発信スキル	情報源の知識 情報心理の知識 意思決定プロセスの理解 情報システムの理解	価値・情報への関心 経済・社会システムへの関心 自己決定意識

ち，生活問題解決能力であり，生活資源としての能力資源の一つと考えることができる。このような広義のライフスキルは，生活の科学的認識，生活に関する価値認識に支えられてはじめて習得が可能な能力といえる。このことは，三木清の「元来技術は主体の，特に知識を基礎としての環境に対する働きかけである」「技術における主観的なものと考へられるのは，人間の意欲或いは意志である。人間の意欲なしには，技術はない。」[3] からも読み取れる。

健康教育では，その中核スキルとして，大きくは，①意志決定―問題解決，②創造的思考―批判的思考，③効果的コミュニケーション―対人関係スキル，④自己意識―共感性，⑤情動への対処―ストレスへの対処などをあげている[4]。

この考え方を参考に，生活問題解決能力としてのライフスキルの中核スキルについて考えてみると，主体に関する①自己管理スキル，対人関係における，②人間関係スキル，対物関係における，③物（資源・エネルギー，金銭等）とかかわるスキル，自己，人間関係，物との関係すべてにかかわる，④意思決定スキルをあげることができる（図Ⅲ-1，表Ⅲ-1）[5]。生活の変化がゆるやかで，職業も世襲制であった時代には，家庭においてライフスキルも職業スキルも学ぶことができた。しかし，今日のように，生活の変化の著しい時代には，家庭におけるライフスキル育成機能は大きく後退しているので，ライフスキルは，学校で学習しなければならない部分が多くなってきている。

2. 自律のための自己管理スキル

自己管理スキルには，感情管理スキル，生活習慣管理スキル，金銭管理スキルなどがあげられるが，生活習慣管理スキル，金銭管理スキルは，次章以下で述べることとし，ここでは，人間関係にかかわる感情コントロールスキルについて考えていきたい。

寺西佐稚代は，「感情とは，心の中で動く何らかの意識で，怒り，恐れ，淋しさ，悲しさ，喜び，愛，驚き，満足，安心などであり，人間関係の中でヒューズのような働きをしている。否定的な感情が生じた場合は自分と周囲との関係に何らかの問題が生じているサインと考えることができ，自分と他者の関係の中で，今何を考えなければならないのか，他者との悪化した関係を修復した

り，さらに関わりを深めることができる」[6]といっている。このように，人間関係における感情の占める位置は大きく，そのコントロールが如何に重要であるかがわかる。

　感情をコントロールするにあたっては，「感情の知性」(emotional intelligence)を身につける必要がある。感情の知性は，①感情の自己認識（自分の感情をありのままに自覚する），②感情のマネージ（適切な感情をもつ—怒り，不安，抑うつ，悲しみのマネージ），③目標に向けての自己動機づけ（熱意，自信をもつ），④他者への共感（他者の感情を理解），⑤対人関係のスキル（他人の感情にうまく働きかける能力）から構成されるとされている[7]。

　しかし，身近な遠慮のない間柄の人との関係における感情のコントロールはなかなか困難である。少し時間をおくとか，第三者が入るとか，他のグループに触れるとかで，コントロールが可能な場合もある。気分転換を図るスキルも必要で，ユーモアのセンスはそのひとつといえる。たとえば，A・J・ツワルスキーは，シュルツのまんが「ピーナツ」を参考に好ましい人間関係を身につけることを望んでいる。マンガのユーモラスなところが内容を受け入れやすくしており，効果的といえるであろう[8]。

3. 協働・共生のための人間関係スキル

(1) 他者理解

　人間関係スキルの基本には，まず，自分と他者との違いを認識し，そのうえで，他者を理解するという技法[9]が必要である。人はそれぞれ異なるということを理解するには，まず，前述の他者への共感が前提となる。多くの対人関係において，他者への共感を感じる経験を通して，他者を理解することが可能となる。ロールプレイや理解力ゲームなどを通して訓練することにより，その基本を体得することができる。

(2) 人間関係のルール

　異なった個人が共に暮らすためには，ルールが必要である。すべての人間関

係はルールに支配されているといっても過言ではない。ルールは，本来，自己本位的な生物学的本性を抑制するために社会が必要としたものといわれている。「ルールは機能的であり，人生を過ごしやすくしていると同時に，活動の可能性の範囲を限定している。個人に短期間の不利益と長期間の利益をもたらしている。」「このようなルールは，試行錯誤の結果，ある集団の産物として徐々に定着してきた」ものといわれる[10]。

ルールの内容，決め方，守り方は，その集団により異なる。暗黙のルールであることも多い。この暗黙のルールに従わせようとする見えない力のことを規範という。集団規範とは，「集団成員の言動や態度が，他の成員たちが共有している準拠枠と斉一になるように働く圧力」[11]であり，私たちの生活は，暗黙裡にこのような規範の影響をうけている。前述の松原治郎の生活構造論においても，その要素の一つに規範があげられていたように人間関係を潤滑にするためにルールや規範が作られているが，それに縛られ，人の行動を制約する場合もある。

封建時代には，ルールが上から決められ，悪法であっても庶民は守らなければならなかった。しかし，ルールつくりに主体的にかかわってこそ，それを遵守したいという気持ちが生ずるものであり，民主的ルールつくりができるシステムが必要である。法や条例つくりの意思決定には，自分たち，または自分たちが選んだ人々が参加する必要がある。男女共同参画社会基本法が制定された現在ではあるが，女性の法や条例つくりへの参画状況は十分とはいえない。政治における意思決定への女性の参画をさらに積極的に進めていく必要がある。

(3) コミュニケーションスキル

コミュニケーションとは，ハーバーマスによれば，「同一ではない人格や利

```
            ┌─────────────────┐              ┌─────────────────┐
            │   言語による      │              │   行為による      │
            │ コミュニケーションスキル │              │ コミュニケーションスキル │
            └────────┬────────┘              └────────┬────────┘
         ┌──────┴──────┐                  ┌──────┴──────┐
    │説明・交渉スキル│ │親和感表現スキル│      │ 協働スキル │ │サポートスキル│
```

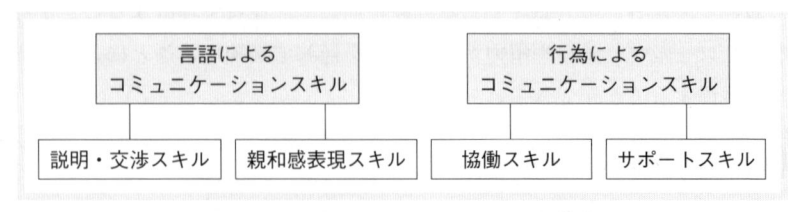

図Ⅲ-2 コミュニケーションスキルの構造

害をもった人間たちが，それでも意思を疎通し，行為を調整し合うこと」[12]とされている。コミュニケーションは，主として言語を媒体として行われるが，表情や身振りなどによるノンバーバルなコミュニケーションもある。生活課題解決という面からは，共同行動，協働行為，サポート行為など行為を伴うコミュニケーションも重要な位置を占める[13]。

　手段的言語コミュニケーションにおいては，感情にとらわれず，客観的に説明できる能力，交渉能力が必要で，そのためには，他者を納得させることができる適切な理由や資料を提示することができなければならない。

　他者との葛藤や対立があった場合のコミュニケーションスキルとしては，トマス・ゴードンの「勝負なし法」や，S.R.コヴィーの「win-win法」があげられる。これらの方法は，自分も勝ち，相手も勝つ，つまり当事者がお互いに欲しい結果を得るように合意や解決策を打ち出す方法である。

　トマス・ゴードンは，親子や，先生・生徒関係におけるコミュニケーション方法として，親や先生が権威で勝つ第Ⅰ法や，子どもの言い分におもねて，親や教師が負ける第Ⅱ法では問題は解決できず，「勝負なし法」としての第Ⅲ法が，問題解決の鍵となり得るとしている。そのプロセスとしては，①何についての対決かを明らかにする，②いろいろな解決案をだしてみる，③でてきた解決策をひとつひとつ評価する，④いちばんいい解決策を選ぶ，⑤その解決策をどうやって実行するかを考える，⑥うまくいっているかどうか調べる，をあげている[14]。

　S.R.コビーは，win-winを求めるプロセスとして，①問題を相手の立場から見る，②対処しなければならない課題と関心事を明確にする，③完全に納得できる解決にはどういう結果を確保しなければならないかを明らかにする，④その結果を達成するための新しい案や選択肢を打ち出す，をあげている[15]。このように，両者とも，いわゆる問題解決のプロセスをあげている。

　集団による問題解決のためのコミュニケーションスキルとしては，①証拠を通しての学習，②コミュニケーションを通しての学習，③集団としての同意，④行動を通しての真理性の検討というプロセスにより，集団として合意を形成するブラメルドの社会的一致学習[16]が考えられる。

　これらのスキルは一朝一夕に獲得できるものではない。多くの人間関係を経

験し，話し合いの訓練をする必要がある。コミュニケーションスキルを必要とする度合いが大きい職種，たとえば，教職，営業，相談業務などの場合，職場や養成機関で，そのような訓練がなされるが，普通教育としてもコミュニケーションに関するシミュレーション学習が必要である。

では，コミュニケーションがうまくいかず，危機が生じた場合，どうすればよいか。たとえば，エリック・バーンにより創案された交流分析などの適用も効果的である。交流分析では，人間の心は大きくは親（P），大人（A），子ども（C）の3つの自我から成り立ち，さらに，親には父親的（FP）と母親的（MP）な二面があり，子には自然な子ども（FC）と従順な子ども（AC）があるとする。これらの関係による交流の型としては，①互いに相手の期待に沿った自我状態で反応し，よりよい人間関係がもてる相互的交流，②相手の期待に沿わない予想外の自我状態で反応し，話がかみあわず，はぐらかされた感じがする交差的交流，③一見何気ない会話や行動の裏に，別の欲求や目的が隠されていて，言っていることと本心が一致していない裏面的交流の3つがある[17]とされている。

自分たちのコミュニケーションがいずれの交流であるかを分析することにより，人間関係改善のきっかけをつかむことができるであろう。当事者同士での改善が不可能な場合は，第三者の介入が必要となってくる。

（4） 協働スキル

バーナードは，「人間には，制約がある。それを克服する方法が協働である。協働の場をシステムとしてみれば，その中核に組織があり，組織を通じて，協働システムの管理が遂行される」[18]といっている。この理論は，個人主義と全体主義，自由意志論と決定論など対立するものの統合を可能にしようとする理論といえる。組織が成り立つためには，共通の目的，コミュニケーション，協働意志が必要とされる[19]。

家族においても，地域社会においても，職場においても，共通の目的を遂行するためには，協働できる能力を欠くことができない。協働を通して，はじめて，同士意識，所属意識が生じ，凝集性（結合性）が高まる。協働のためには，目的達成のための活動ができる技能，すなわち，衣食住のベーシックスキルと

子どもや高齢者を支えるサポートスキルも必要とする。

(5) サポートスキル

　家族や地域社会は，生活的に自立している人々だけでなく，子ども，高齢者，病弱者，障害者など他者からのサポートを必要とする人々からなっている。また，生涯を展望した場合，自主独立して生活するライフステージもあれば，サポートを受けたり，与えたりのライフステージも経験する。したがって，人は誰もがサポートスキルを習得するとともに，サポートを気持ちよく受ける能力も必要である。サポートを受けたり与えたりするこのような関係こそ相互依存関係といえる。

　サポートスキルの内容として，ハウスは次のようなものをあげている[20]。①感情的かかわり（情緒的サポート），②手段的援助（手段的サポート），③情報的援助（情報的サポート），④評価的援助（評価的サポート）。これらのサポートは，一方的に与えるものではなく互酬性をもつものであり，「"助けること"と"助けられる"ことが融合し，誰が与え誰が受け取っているのか区別することが重要ではないと思えるような不思議な魅力にあふれた関係発見のプロセス」[21]というボランティアのプロセスにもつながる。

4. 家族コミュニケーションスキル

　一般的人間関係におけるコミュニケーションと家族コミュニケーションは，やや異なった様相を呈する。家族は，すぐれて情緒的な集団であり，手段的コミュニケーションと情緒的コミュニケーションが分けにくい特徴がある。

　P.J.カーンズは，家族のコミュニケーションについて，適応性と凝集性（結合力）の2つの軸をたてて考察している。適応性（adaptability）とは，家族成員が一緒になって家族のために計画を立てたり，意見の不一致が生じた場合，それをうまく解決する能力であり，凝集性（結合力，cohesion）とは，人びとは互いに愛を求め，1つの家庭を形成するために結びつき，ともに暮らしを営む。それぞれの家族の目的とアイデンティティは互いの深いかかわり合いから生まれるというものである。家族システムにおいては，この2つの発達過程が

同時に進行している。しかし，現実の家族においては，個人が自己概念を探索するのに対して，家族は「われわれ概念」を追究する。この2つの発達のバランスがとれているとは限らず，家族メンバー間に問題が生ずることが多い[22]。

カーンズは，家族の適応性の要素として，①リーダーシップ，②規律，③話し合い，④まとまり，⑤価値観の5つをあげ，家族の結合力の要素としては，①親密性，②援助，③決断，④共有性，⑤統一性の5つをあげている。これらは，時々の家族メンバーのニーズによって変わっていくものであり，低すぎても，強すぎても問題である。適応性は，子どもが小さいときには，構造的で，長ずるにつれて柔軟になり，結合力については，子どもが小さいときは，結合的で，

表Ⅲ-2 家族の適応性・結合力分析表

この分析表は，家族間の話し合いを求めていただくことを目的としたものです。家族で話し合いながら解答してください。どんな家庭でも，下の表のどこかにあてはまるはずです。そのことを念頭に置き，いつものあなたの家庭を最も適切に表わしていると思われるものの番号を○で囲んでください。次に○をつけたものを線で結びます。

適応性分析表

適応性の5要素		硬直的	構造的		柔軟		無秩序	
リーダーシップについて	独裁的である	1	2	3	4	5	6	弱い
規律について	厳しい	1	2	3	4	5	6	甘い
話し合いについて	制限される	1	2	3	4	5	6	制限がない
まとまりについて	まとまりがありすぎる	1	2	3	4	5	6	まとまりがない
価値観について	不変である	1	2	3	4	5	6	よく変わる

それでは上の答えの数字を合計して，あなたの家族の適応性の点数を出してみましょう：_____点

結合力分析表

結合力の5要素		離散的	分離的		結合的		密着的	
親密性	親密でない	1	2	3	4	5	6	親密すぎる
援助	全くない	1	2	3	4	5	6	多すぎる
決断	個人でする	1	2	3	4	5	6	家族全員でする
共有制	全くない	1	2	3	4	5	6	全てを共有
統一性	全くない	1	2	3	4	5	6	全てを統一

それでは上の答えの数字を合計して，あなたの家族の結合力の点数を出してみましょう：_____点

(P.J.カーンズ，野田雄三他訳：ファミリー・コミュニケーション　家族システムの調和と成長，p.55, p.99, 現代社, 1987, 1990)

子どもが長ずるにつれて、分離的になることが望ましいと考えられている[23]。

カーンズによる家族の適応性の分析表および家族の結合力の分析表を掲げる（表Ⅲ-2）。自分の家族の場合について、子どもの頃と、現在について、それぞれ適応性得点、結合力得点を算出し、比較してみよう。

湯沢雍彦は、家族関係の分析視点として、権威構造、役割構造、情緒構造をあげている[24]。役割構造とは、生活課題解決役割を誰が分担するかに注目するものであり、権威構造とは、生活課題解決における意思決定を誰がするかということに注目するものである。情緒構造とは、家族員の感情の動きである。このような家庭内役割を誰が分担するかということや、意思決定を誰がするかということを調整する能力は、カーンズの適応性にかかわる能力であり、家族内の愛情に関する情緒構造を調整する能力は、カーンズの凝集性（結合力）にかかわる能力といえるであろう。

ひとくちに家族といっても、さまざまな形態・構成があり、さまざまな関係性が存在する。以下、家族の関係性ごとに、その特徴と関係性を調整するためのコミュニケーションスキルについてみていきたい。

（1） 夫婦間のコミュニケーション

もともと他人であった者同士が、配偶者として相手を選択し夫婦となるが、そこには、愛情と文化的・性格的共通性や相補性が必要となる。以前は、「結婚とは、協力と同棲を伴う、社会的に承認された、永続的な性結合を中心とする男女関係である」[25]と定義されたが、今日では、コミューターマリッジやセックスレス夫婦などもあり、離婚率も高まり、結婚に対する考え方は大きく変わってきている。

ところで、結婚は、個人的・私的側面と同時に、社会的・制度的側面ももつ。制度としての側面についてみると、戦後改正された憲法では、第24条に「婚姻は両性の合意のみに基づいて成立し、夫婦が同等の権利を有することを基本として、相互の協力により、維持されなければならない」「配偶者の選択、財産権、相続、住居の選定、離婚ならびに婚姻及び家族に関するその他の事項に関しては、法律は、個人の尊厳と両性の本質的平等に立脚して、制定されなければならない」とされており、明治民法における家制度が否定され、男女の平

等が規程された。それに基づいて民法が改正されたが，その後50余年が過ぎた今日，民法の結婚に関する条文，婚姻適齢，再婚禁止期間，夫婦同氏については，男女差の視点から問題にされており，今日，改正の動きがある（表Ⅱ-2, p.27）。

　職業につく目的は，収入を得ること，経済的自立のためであるとともに，社会的責任，自己実現を果たす目的もある。したがって，男女ともに職業につき，これらの目的を果たすことが，人としての権利でもあり，義務でもある。しかし，わが国においては，夫婦がともに職業をもつための条件が整っているとはいえず，夫婦の働き方には，さまざまな形態がある（図Ⅰ-3, p.8）。現実には，妻が就労するか否かで家庭の経済構造は大きく異なる。

　家事は自分らしい生活を創造するためであるとともに，趣味的な楽しみの要素ももつ。育児は子どもを育てる責任を果たすためであるとともに，育てる喜びを味わうことができるためでもある。このような家事・育児を分担することは，人としての権利でもあり，義務でもある。夫婦でともに家事・育児に携わるということは，協働によるコミュニケーションの機会ともなり，夫婦間の凝集性（結合性）を高めることにもなる。しかし，現実には，妻が就労するか否かで家事分担の状況も大きく異なる。

　夫婦間の平等性を確立するためには，ジェンダーイクイティ意識が根底に必要である。そのうえで，はじめて，夫婦が同等の意思決定能力，役割遂行能力をもつことができ，情緒的にも安定した関係となる。

　夫婦でともに職業労働と家事労働に携わることをめざす場合，育児や介護と職業との両立支援の社会的施策が必要である。育児休暇や介護休暇制度をさらに充実する必要があるとともに，これらの休暇が夫婦どちらでもとれるような雰囲気づくりをしていくことが望まれる。

　結婚は愛情に基づいて結ばれ，よき家庭生活を築くことをめざして始められる。しかし，不幸にして，性格の違いや，暴力のエスカレートにより，破綻を来たすこともある。夫婦間の情緒構造の実態は，通常は外部から窺うことはできないが，離婚相談や，ドメスティック・バイオレンス（DV）相談において情緒構造の破綻が顕現化する。離婚には，協議離婚のほか調停離婚，審判離婚，裁判離婚などがあるが，調停前置主義により，協議離婚が成立しない場合は，

必ず離婚調停にかけなければならない。今日では，離婚は有責主義から破綻主義となり，夫婦関係が破綻していれば，有責者の側からも離婚を請求できることとなった。離婚の際は，財産分与，慰謝料の取り決め，子どもがある場合，親権，監護権，養育費の取り決めなどをどうするかということが問題となってくる。これらについて，一時の感情で決めて後悔することのないよう，各種相談室などの第三者に相談することが必要である。

家庭内暴力に対しては，DV防止法（配偶者からの暴力の防止及び被害者の保護に関する法律）が2001年10月から施行され，家庭内の問題と見過ごされがちであったDVが初めて犯罪として位置づけられた。しかし，保護命令が設けられたものの，その罰則は軽すぎるという意見もあり，実効性が問われている。配偶者による暴力といっても，現実には，夫から妻への暴力がほとんどであり，その背景には，妻が経済的に自立していないこと，男性優位社会，男尊女卑の発想があり，まさしくジェンダー問題といえる。

（2） 親子間のコミュニケーション

子育てとは，子どもを社会化させるプロセスであり，親にはそれを支援する義務がある。乳幼児期には，健康管理とともにどのようにしつければよいかが悩みとなる。親はしつけのためと思って子どもを叱る。しかし，叱り方によっては，子どもの心を傷つけることもある。虐待した親のいいわけにも「しつけのため」という言葉がしばしば聞かれる。京大霊長類研究所の松沢哲郎の話によるとチンパンジーの母親はしからない，たたかない，教えない，そっと手をのばすなど，手本を示し見守る「教育」をし，進取の気性を育てているということである（毎日新聞，2001.12.24）。子どもの叱り方について考えさせられることではある。

では，この子育てを誰が担うのがよいのか。従来は，母性が重視され，子育ては母親の責任とされることが多かった。しかし，子育ては，両親がともに担い，楽しさと大変さを分かち合うことこそ，親にとっても，子どもにとっても望ましいことといえるであろう。クリスティアーニ・オリヴィエは，「同じ家庭，同じ地域，同じ階層でも，父親が幼少の時から子どもに「触れる」か「触れない」かによって，一人の子どもの感情の甚だしい差異が生じることを知っ

てほしい。」[25]と父親役割の重要性について述べている。しかし，わが国では，諸外国に比べ，父親の育児参加時間はまことに少ない。父親の育児参加時間を増すには，父親自身の意識改革が第一である。しかし，父親の勤務時間の長さも原因のひとつともなっており，父親の働き方を変えない限り，子どもと触れ合う時間を確保することは不可能ともいえる。最近，ワークシェアリングを導入する企業もでてきつつあり，ごくわずかではあるが，育児休業をとる父親も現れるなど，父親の育児参加時間の増加にやや期待がもたれるようになってきた。

では，父親や母親と死別，離別した一人親の場合はどうすればよいのか。小家族化してきた今日，母親または父親だけが，育児にあたることとなり，育児負担が仕事をもつ母親または父親一人にかかることになる。ネットワークなどによる周囲からの手助けが不可欠である。

親子関係の危機としては，子どもの虐待があげられる。児童虐待の動向を厚生労働省の統計にみると，2000（平成12）年度に全国174か所の児童相談所に寄せられた児童虐待相談の処理件数は17,725件に上り，調査を始めた1990年度の16倍に増えている。実母による虐待が人数，割合とも増えているのが特徴である。内訳は，①身体的虐待50.1％，②保護の怠慢・③拒否（ネグレクト）35.6％，④心理的虐待10％，⑤性的虐待4.3％であった。子ども虐待の発生原因は単一ではないが，身体的にも心理的にも子どもが最もよりかかりたい親から虐待を受けるということは悲劇というほかない。どれだけ虐待されても自分が悪かったのだからと親をかばおうとする子どもの口からは虐待の事実は聞き出せず発見しにくいため，死に至る場合もある。したがって，家庭内だけで解決できる問題ではなく，家族を含む全体的環境の中で専門家の援助を得て解決していく必要がある。

子どもが学齢期や思春期になると登校拒否や非行が問題となってくる。子どもの登校拒否が現れはじめたのは，1965（昭和40）年ころであるが，登校拒否を扱った『虚構の家』（曽野綾子）（1974，昭和49年）が出版されたころから急に増加し始めた。2000（平成12）年度には年間30日以上欠席した不登校の小学生・中学生は，13万4,000人にも達している（文部科学省委託「不登校に関する委託調査」，2000）。一方，自宅に閉じこもって，学校や仕事にいかない「ひき

こもり」について全国の保健所などに年間6,000件を超す相談が寄せられており，21歳以上が6割近くあり，5年以上引きこもっている例が4分の1以上を占めていることが明らかになっている（厚生労働省，2001，平成13年）。これら登校拒否や，ひきこもりの原因は特定できないが，その家族にとって大きな問題であり，家庭内暴力に移行するケースも多く，本人とともに家族への社会的援助が必要である。

1998（平成10年）版「犯罪白書」は，「非行少年の生活意識と価値観」という特集を掲載しているが，そのなかのアンケート調査に「もし，あなたが法律で禁じられているような「悪い」ことをしようと思った時，あなたを思いとどまらせる心のブレーキになるものは何ですか」という問いに対して，少年院在院者（男子）の45.3％の者が，「家族」と回答している。しかし，一方では，期待過剰，甘え，密着しすぎなどにより，家族の「きずな」が「しがらみ」に転化することもあり得るという家族関係の二面性を考慮にいれるべきという指摘もある[27]。

1998（平成10）年の総務庁調査に，補導少年が，「親から愛されていない」と感じている比率をみると，女子高校生32.4％，女子中学生42.1％，男子高校生42.1％，男子中学生46.3％で，1977（昭和52）年の第1回調査に比して，いずれも増加しており，男子の場合2倍以上を占めている。このように，非行にも家族の問題が大きくかかわっていることが予測される。しかし，家族の力だけでは解決できない問題であり，ここでも家族援助をどのようにするかが大きな課題となってくる。

(3) 高齢者と家族間のコミュニケーション

高齢者と子どもとの関係は，子育て期の親子関係とは大きく異なる複雑な関係といえる。エイジングに親自身がどう対処するか，親のエイジングを子どもがどう受止めるか。実子との関係，義理の子どもとの関係，これらが互いにからみあい複雑な関係となる。さらに，子どもと同居か別居か，同居の場合，息子家族との同居か娘家族との同居か等により，その様相は大きく異なる。

毎日新聞社の調査より「老後の暮らしを子どもに頼るか」についての意識を時系列的に見ると，1955（昭和30）年には頼るつもりが45％，頼らないつも

りが22％であったものが，1996（平成8）年には，前者が12.9％，後者が60.1％となっており，自立を志向する高齢者が多いことが分かる。また，介護を必要とした場合でも，介護保険制度の導入により，あまり子どもに頼らず自立した生活を送ることができるようになったことは喜ばしいことといえる。

しかし，一方では，高齢期に大切なものとしては，健康95％についで家族57.9％があげられており，家族との交流を望むものが多いことがわかる。このように，現在の高齢者は子どもに対して，経済面，介護面などの手段的交流はあまり期待しないが，情緒的交流は期待するという傾向が強くなってきたといえるであろう。親世代と子世代，孫世代が離れて暮らすことが多くなってきた今日，高齢者と子どもや孫との情緒的コミュニケーションをどのようにとっていけばよいのかはこれからの大きな課題といえる。家族に代わる人々との交流も必要であろう。

5. コミュニティにおけるコミュニケーションスキル

(1) コミュニティと近隣関係

かつての共同体は，近代の反対概念としてもっぱらネガティブな価値を与えられ，近代化とは，共同体的諸関係の解体にほかならないと考えられていた[28]。しかし，伝統的地域共同体が，経済の高度成長期を契機に生活防衛機能を失うにつれて，新たな地域共同体が求められるようになってきた。この新たな地域社会はかつての地域社会と区別してコミュニティとよばれることが多くなってきた[29]。

コミュニティとは，マッキーバーによれば，地域性（locality）とコミュニティ感情（community sentiment）を基盤に成り立つものとされているが，このコミュニティ感情の生成は，主体的・選択的に形成されたコミュニティにおいて初めて可能となる。参加しなくてもいい自由が新しいコミュニティを生み出すということもできる[30]。

家族をとりまく人間関係という視点からは，近隣関係，コミュニティ関係，ソーシャルネットワークなどといわれる人間関係がある。近隣とコミュニティ

は必ずしも全く一致するものではなく，生活空間としての範囲は，コミュニティの方が広い。コミュニティとは，ある一定の地域的基盤をもった共同生活の枠組みであり，そこにおける人間関係には，互酬性があり，その生活空間に近隣が発生しているといわれている。

(2) ネットワーキングスキル

ソーシャルネットワークとは，主体的・選択的に形成される「個人の社会関係の網の目」のこと[31]とされている。コミュニティ概念と重なるところが多いが，地縁だけでなく，学縁，趣味縁，職縁，社会活動縁等さまざまな縁をきっかけとして作られるという点で，コミュニティより，より広い地域にわたる場合もある。このようにして形成されたソーシャルネットワークが活性化されたものをソーシャルサポートという[32]。生涯展望の視点からソーシャルネットワークをみた場合，地域移動や，加齢によるライフステージの移行などで，縮小したり，活性化力が減退したりする。このような場合，行政や地域社会によるネットワークづくりへの外部からの援助も必要となってくる。

ネットワークをつくることをネットワーキングというが，ネットワーキングという語は，個人による，自分自身のためのネットワークづくりというよりも，市民の生活視点に立って，共通の生活問題を解決するために形成されるさまざまな住民運動における住民と住民，グループとグループを網状につなぐ試みに対して用いられることが多い。このようなネットワーキングスキルには，言語コミュニケーションスキル，協働スキル，サポートスキルなどを必要とする。

6. 個人・家族をめぐる支援システム

(1) ボランティア活動

ボランティアという語は志願者，自発的に申し出る者という意味をもつ。金子郁容は，「ボランティアは，"助ける"ことと"助けられる"ことが融合し，誰が与え誰が受け取っているのか区別することが重要ではないと思えるような，不思議な魅力にあふれた関係発見のプロセスである」[33]といっているが，

前章でみたように，社会福祉協議会の調査でも精神的充実をもたらすという結果がでている。

ボランティアの活動内容としては，高齢者，障害児・者，児童等，本来人を対象としたものが最も多く，関係性発見の契機になっていると思われる。

ボランティアには，時間貯蓄や，セミボランティアなどがあるがこれらは，ボランティアサービスを受ける側の気持ちを楽にする意図が大きい。本来ボランティアの関係性は，「"お金に換算できない"つまり，経済性の規定する価値観とは異なる多様な価値を提供する」[34]ものである。ボランティア活動は，個人でする場合もあるが，コミュニティやソーシャル・ネットワークによる場合や，NPO，NGO や社会福祉協議会などがコーディネートする場合も多い。

NPO とは，Nonprofit Organization，非営利組織の略である。1998年に，特定非営利活動促進法が施行され，申請し承認されればNPO は法人格をもつことができるようになった。NGO は，Non‐Governmental Organization，非政府組織の略である。前者は，国内活動をする団体，後者は国際的活動をする団体という意味で用いられることが多い。これらの組織では，行政ではできないきめこまかい活動により，生活問題を解決することができる。

（2） 行政による支援施策

国民負担率が73.2％であるスウェーデンに比べ，わが国では36.4％に過ぎず（1996, 平成8年），自助努力によらなければならない部分が多く，行政による支援施策は必ずしも十分とはいえない。たとえば，子育て支援施策の新エンゼルプランや，高齢者支援施策のゴールドプラン21 などのように，実態に施策が追いつかず，次々に改定されているのが現状である。

施策の改善のための努力としては，まず，社会的生活問題の現状，施策の問題点，施策と現状のずれ等に対して客観的認識をもつ必要がある。そのうえで，世論づくりをする，要望書や署名を提出するなどの方法が考えられる。いずれにしても，生活者の側の意志を行政に提言することが必要である。

社会的支援システムの側からの普及活動が不十分な場合もある。たとえば，生活保護を受けずに餓死したなどの事件は，このことにあたるであろう。障害者はもちろん，コンピュータが使えず，小さい文字が読めない高齢者などへの

6. 個人・家族をめぐる支援システム

普及方法を工夫する必要もある。

（3） 子育て支援

　小家族化した今日の子育てには，ソーシャルネットワークや行政による子育て支援施策を活用する必要がある。周産期の援助にはじまり，有職者の乳幼児の保育，学童保育だけでなく，専業主婦の場合のボランティアや自己実現等の時間を確保するためのデイサービス，ファミリーサポートセンターの活用，子どもの発達の遅れや登校拒否・非行，児童虐待等に関する悩みについての電話相談や相談機関の活用など，子育てがしやすい支援施策を設ける努力を市民，行政両者が協力して続けていく必要がある。

（4） 高齢者・障害者支援

　ノーマライゼーションの考え方が基本にならなければならない。高齢者・障害者とも家庭にあっても施設にあっても，障害の程度に応じて自立意欲を満たすことができる普通の暮らしが確保されなければならない。

　介護が必要になった場合，家族と共に暮らすか，一人で介護サービスを受けて暮らすか，施設で暮らすかなどの選択肢がある。必要とする介護の程度や環境条件によっても選択の幅は異なってくるが，意識がある限りは，本人の選択にまかせるべきである。介護保険の導入により，要介護者の主体性は比較的確保されるようになったといえる。しかし，その活用にあたっては，実際には，いろいろな問題も多発している。心身機能が低下した高齢者に対してはその財産や暮らしを守るための制度として新成年後見制度が発足した（2000年4月より）。適切な運用が望まれる。

　家庭で介護する場合，介護者の問題がある。育児より長期にわたる場合が多く，その負担の程度も大きいことが多い。男女で平等に負担しないかぎり不可能であるが，現状では，依然として女性に負担がかかっており，ここにもジェンダー問題をみることができる。家族だけが負担することの限界についても考えなければならない。介護者への支援としてのホームヘルパーやデイサービス，訪問看護制度などの利用しやすいシステムが必要である。

　施設で暮らす場合，その施設は，自由に買物やレクリエーションが楽しめる

立地条件にあり，家族や地域の人々が訪ねやすく，訪問者とのコミュニケーションの場があり，プライバシーも保てるというような生活者の側からの発想が取り入れられたものでありたい。

■引用文献

1) WHO編，JKYB研究会訳：WHOライフスキル教育プログラム，p.12，大修館書店，1997（原著1994）
2) 三木　清：技術哲学，三木清全集7（初出1941.10），206，208，1967
3) 前掲2），p.208，216
4) 前掲1），p.12，17
5) 中間美砂子，家庭科のカリキュラムをどうつくるか，中間美砂子編：小学校家庭科授業研究，建帛社，2001
6) 寺西佐稚代，感情とのつきあいかた，津村俊充・山口真人：人間関係トレーニング，p.3，ナカニシヤ出版，1996
7) 森　真一：自己コントロールの檻，講談社，2000
8) A・J・ツワルスキー，笹野洋子訳：スヌーピーたちのいい人間関係，講談社，2000（日本人のための書きおろし）
9) 奥村　隆：他者といる技法，日本評論社，1998
10) M.アーガイル，M・ヘンダーソン，吉森　護編訳：人間関係のルールとスキル，北大路書房，1992（原著1985）
11) 津村俊充・山口真人：人間関係トレーニング，p.52，ナカニシヤ出版，1992
12) 中岡成文：ハーバーマス―コミュニケーション行為―，講談社，1996
13) 中間美砂子ほか：親子間のコミュニケーションと親和関係（第1報），日本家庭科教育学会誌，36-2，1993
14) トマス・ゴードン，近藤千恵訳：親業（おやぎょう）―新しい親子関係のために―（新版），サイマル出版，1980（原著1970）およびトマス・ゴードン，奥沢良雄ほか訳：教師学―効果的な教師＝生徒関係の確立，小学館，1985（原著1974）
15) 御船美智子：生活経営主体のエンパワーメント，（社）日本家政学会生活経営部会：福祉環境と生活経営，p.161，2000
16) 井上　弘：現代教育方法学，pp.180-190，明治図書，1967
17) 神田久男他：人間関係論，同文書院，1990
18) 飯野春樹，バーナード理論理解のために，飯野春樹編著：人間協働，p.5，文真堂，1988
19) 前掲7）

20) 稲葉昭英, 浦　光博, 南　隆男,「ソーシャルサポート」研究の現状と課題, 哲学, **85**, pp.114-115, 1987
21) 金子郁容：ボランティア―もうひとつの情報社会, p.6, 岩波新書, 1992
22) 正岡寛司：家族過程論, pp.43-46, 放送大学教育振興会, 1995
23) P.J.カーンズ, 野田雄三ほか訳：ファミリー・コミュニケーション　家族システムの調和と成長, 現代社, 1987, 1990（原著1981）
24) 湯沢雍彦：新家族関係学, 光生館, 1954
25) 前掲23)
26) クリスティアーニ・オリヴィエ, 宇田川悟訳：父親はなぜ必要なのか？, 小学館, 2001（原著1997）
27) 法務省矯正局編：家族のきずなを考える, pp.3-4, 大蔵省印刷局, 1999
28) 小谷　汪：共同体と近代, p.1, 青木書店, 1982
29) 矢野　峻：地域教育社会学序説, p.129, 東洋館出版, 1981
30) 地域社会研究所：コミュニティ, 128号, p.46
31) 前田信彦, 目黒依子：都市家族のソーシャル・ネットワーク・パターン, 家族社会学研究, 2, 82, 1990
32) 稲葉昭英, 浦　光博, 南　隆男,「ソーシャルサポート」研究の現状と課題, 哲学, 85, 111, 1987
33) 前掲20)
34) 前掲7)
注) 引用文献2), 3) の原文は旧字体, 旧かなづかいで書かれているが, 現行の字体, かなづかいに訂正した。

IV章 循環型社会を創る消費者 (Green Consumer) のライフスキル

家庭生活を中心とする人間の生活を主体的に営むためには，まず生活主体である自分自身（個人）および自分と他者（家族・近隣）との関係づくりが重要であることをIII章で述べてきた。

ここでは現代の市場主義消費社会において，消費者（Green Consumer）が健康的に質の高い暮らし（Quality of Life）を自分らしく実現していくための生活を構成する要素（生活客体・媒体）の重要な部分を占める資源・エネルギー，時間・労働，金銭について，消費者問題や環境問題への対応と関連しながら，循環型社会を創る生活視点からその管理スキルのあり方を考える。

1. 自律的な消費行動を拓く意思決定スキル

（1） 消費者主義（Consumerism）の確立と消費者責任

生活資源はこの地球上に無限にあることを前提に「使い捨ては美徳なり」を企業戦略として推奨し，大量生産，大量販売，大量消費システムによって発展した高度経済成長期は終わった。しかし相変わらず多様な商品やサービスが市場に氾濫している。

1） 消費者問題の推移

消費者は商品・サービスを選択・購入したり，それを有効に使用し活用するとき，さらにその処理・廃棄段階において企業戦略（広告・宣伝，販売・支払いシステム等）に惑わされて主体的な消費者行動ができず，気が付いたら有害な商品を食べたり利用していたことは，これまでの「消費者問題の推移」(表IV-1)が示している。表からも明らかなように消費者問題は，1950年代後半の食品では森永ヒ素ミルク事件から始まり，21世紀の今日的課題になっている狂牛

表Ⅳ-1 消費者問題の推移

年	消費者問題	関係法令・行政
1947（昭22）	・不良マッチ退治主婦大会	
1948（昭23）		・工業標準化(JIS)法公布
1950（昭25）		・農林物資規格(JAS)法公布
1951（昭26）	・主婦連，着色料オーラミンの使用禁止要望	
1955（昭30）	・森永ヒ素ミルク事件（乳児130名死亡）	
1960（昭35）	・にせ牛缶事件	・薬事法公布，割賦販売法公布
1962（昭37）	・中性洗剤論争始まる。サリドマイド事件発生	・家庭用品品質表示法公布
1965（昭40）	・アンプルかぜ薬でショック死発生	・経企庁「国民生活局」設置。「神戸生活科学センター」開設
1966（昭41）	・ユリア樹脂食器からホルマリン検出	
1968（昭43）	・カネミライスオイル（米ぬか油PCB混入）	・消費者保護基本法公布
1969（昭44）	・欠陥車・チクロ問題発生	
1971（昭46）	・カラーテレビ二重価格（国内外）問題	・国民生活センター発足
1972（昭47）	・母乳からPCB検出	・割賦販売法・食品衛生法の改正
1973（昭48）	・PCB・水銀汚染の魚問題，洗剤，砂糖，トイレットペーパー買いだめ騒動（第一次オイルショック）	・有害物質を含有する家庭用品規制法公布
1974（昭49）	・AF2追放運動（豆腐・ハム・かまぼこに使用した合成殺菌料）	・神戸暮らしをまもる条例公布
1975（昭50）	・合成洗剤不買運動，マルチ商法被害者対策委員会結成	
1976（昭51）	・サラ金被害問題（高利貸し，過剰融資・強制取り立て→自殺に追い込まれる）	・訪問販売法公布
1978（昭53）		・ネズミ講禁止法公布
1979（昭54）		・滋賀県琵琶湖の富栄養化防止条例公布
1981（昭56）	・金取引，現物まがい商法被害	
1983（昭58）		・サラ金規制法施行
1984（昭59）	・詐欺まがい豊田商事事件による被害者の訴訟続出	・割賦販売法改正案成立
1985（昭60）	・豊田商事倒産。オーストリア産有毒ワイン事件	
1987（昭62）	・悪徳商法の横行	・訪問販売法改正へ
1989（平元）	・消費税導入（大型間接税導入・3％消費税）	
1992（平4）	・マルチ・マルチまがい商法多発	
1994（平6）		・製造物責任法公布(PL法：製造業者への責任明確化)
1995（平7）	・電話勧誘による資格商法激化	
1997（平9）	・遺伝子組み替え食品に対する表示の要求	
1998（平10）	・電子商取引におけるプライバシー保護問題発生	
2000（平12）		・消費者契約法（消費者保護の一般ルール），金融商品販売法の公布
2001（平13）	・狂牛病（BSE）問題，うそつき表示再発生	

(経済企画庁：ハンドブック消費者（各年版）及び日本放送出版協会編：日本消費者運動，小木・川井編：消費者政策，臼井和恵編著：21世紀の生活経営，p.51を資料に作表)

病（BSE）問題まで，また薬品，化粧品，合成洗剤，家電製品等，安全性をめぐる問題は年代を問わず連続的に発生している。1975（昭和50）年の合成洗剤不買運動を契機にして，生活排水に混じって排出された各種洗剤は水質汚濁・環境問題にシフトして，一層消費者問題を複雑にしてきた。

さらに1980年代に入ると，サラ金被害が続出し，金融ローンによる多重債務，自己破産が年齢を問わず発生している。からめてマルチ・マルチまがい商法で代表されるさまざまな問題商法（悪徳商法）による消費者取引をめぐる問題も多発している。とくに若者をねらうのがマルチ・マルチまがい商法，アポイントメントセールス，キャッチセールス，アンケート商法，恋人商法などである。

2）国の法制度対策

この間，国はこの現状に対して1968（昭和43）年5月30日に「消費者保護基本法」を公布して消費者を保護するための行政の基本的な方向を明らかにし，この法律に基づいて「消費者保護会議」（内閣総理大臣が会長）や「国民生活審議会」を開き，消費者保護に関する施策を推進してきた。また，1970（昭和45）年に設立された国民生活センターは全国の消費者情報を発信（月刊「国民生活」）したり，1973（昭和48）年までに全国都道府県に設置された消費生活センターの中核として，消費者の苦情相談の受付・処理，商品テスト，調査研究等を行っている。

とくに最近目立つ契約をめぐる問題では，訪問販売等に関する法律（1976年公布）で「クーリング・オフ制度」（表Ⅳ-2）を定めて，一定の条件下で消費者の立場を保護している。また，2001（平成13）年4月から施行された「消費者契約法」では消費者に契約の取り消し権が与えられる原則が定められて，消費者の不利益を防ぐことができるようになった。

一方，1994（平成6）年には「製造物責任法」（PL法）が制定され，製品の欠陥によって被害を受けた消費者は，その製品の製造者に損害賠償を請求することができるなど企業責任もある程度明らかになってきている。

3）消費者主義（Consumerism）と消費者の責任

そもそも「消費者の利益を優先し，その権利の保護・向上を目指す立場（Consumerism）」から消費者の主権を初めて示したのはアメリカの大統領J.F.

表Ⅳ-2　クーリング・オフ制度

取引の種類	クーリング・オフ期間	対象
訪問販売・電話勧誘販売	クーリング・オフを告げる書面（申込書控）を受け取った日から8日間	店舗外での指定商品・役務・権利の取引, 3000円未満の現金取引を除く
割賦販売・クレジット契約	クーリング・オフ制度を知らせた日から8日間	店舗外での指定商品・役務のクレジット契約
マルチ商法	クーリング・オフ制度を告げる書面（申込書控）を受け取った日から20日間	すべての商品・役務・権利
特定継続的役務取引	クーリング・オフ制度を告げる書面（申込書控）を受け取った日から8日間	エステティクサービス・語学教室・学習塾・家庭教師の4種。店舗での契約を含む

〈クーリング・オフを希望する場合〉
　商品の説明書の中に「クーリング・オフ」に関する説明（契約申し込みの撤回等について）を読んで，必要事項を記入した書面をクーリング・オフ期間内に取引をした会社に郵送する（内容証明書等の書面で出す）。
＊必要事項（例）
　（1）契約をクーリング・オフする旨の内容
　（2）契約を申し込んだ人の住所，氏名（捺印），電話番号
　（3）契約を申し込んだ年月日
　（4）契約を申し込んだ内容（品名）の詳細
＊不明な点があったら，近くにある消費者センターに相談するとよい。

（国民生活センター：暮らしの豆知識　2000, p.61, 1999 および消費生活センター資料により作表）

ケネデイである。

　1962（昭和37）年，連邦会議に送った「消費者の利益保護に関する特別白書」に「消費者の4つの権利」，①安全を求める権利，②知らされる権利，③選ぶ権利，④意見を聞いてもらう権利，を掲げて消費者主権の姿勢を強調した。これら4つの消費者の権利に，フォード大統領が1975（昭和50）年に⑤番目の権利として「消費者教育を受ける権利」を加えて充実された。この5つの消費者の権利は，現在活動している消費生活センター機能の骨格にもなっている。

　さらに1960（昭和35）年に設立された消費者団体の国際的組織である国際消費者機構（CI：Consumers International/オランダ・ハーグに本部がある）は，

表Ⅳ-3　消費者の8つの権利と5つの責任

8つの権利	5つの責任
・生活に必要な基本的な物・サービスを得る権利 ・安全である権利 ・情報を得る（知る）権利 ・選ぶ権利 ・利害に関することの相談を受ける権利（意見を反映させる権利） ・損害に対する補償・救済を享受する権利（補償を受ける権利） ・消費者教育を受ける権利 ・健全な環境を享受する権利（健全な環境の中で働き，生活する権利）	・鋭い批判的精神と自覚（問題意識をもった消費者であることの責任） ・正しいことを主張し行動する（公正な取引が得られるように自己主張する） ・社会的関心をもつ（他者に与える影響の自覚と責任） ・環境を大切にする自覚（自らの行動が環境に及ぼす影響を理解する責任） ・利益の増進と擁護のための連帯（団結し連帯する責任）

（ホームページ：現代用語基礎知識 2002 年版，自由国民社，2002 及び内藤道子他：改訂衣生活論，p.137，建帛社，1992 を資料に作表）

　1983（昭和58）年に消費者の権利を拡大するとともに，消費者の責任を強調した「消費者の8つの権利と5つの責任」（表Ⅳ-3）を提唱し，企業戦略に対応する消費者戦略として責任ある賢い消費者になることを促した。

　このように国の法制度や消費者団体の活動が如何に充実しても，それらを活かすのは消費者一人ひとりの消費者行動に対する自覚と責任である。商品・サービスの購入・使用，廃棄に関して，現在はさまざまな法定表示（たとえば家庭用品品質表示法，繊維製品品質表示法など）や製品カタログ，取扱説明書，マスメディア等により消費者情報が発信されている。それらの情報を正確に理解して適切な扱いをしたり，消費生活センター機能を利用して自ら商品テストをするなど，情報を確かめたり批判・推考することによって，はじめて消費者の責任が果たせるのである。

（2）　地球環境問題に対応する消費者（Green Consumer）スキル

　消費者問題が地球環境問題にシフトしたのは，「消費者問題の推移」（表Ⅳ-1）からも明らかなように，1973（昭和48）年の第一次石油危機による洗剤・トイレットペーパーなどの日用品不足騒動からである。

　1980年代以降になると，大量生産・大量消費・大量廃棄・焼却という消費

生活のサイクルの中で発生した地球規模の環境問題として，自動車の排出ガス（CO_2）による大気汚染や酸性雨，フロンガスによるオゾン層の破壊，地球温暖化，生活排水による水質汚濁，ゴミ焼却から発生するダイオキシン，環境ホルモン問題，遺伝子組み替え食品などが，今や人類の生存すら脅かすのではないかと懸念されるようになった。これら都市・生活型環境問題といわれる生活問題は，生活の利便性・効率化を推進してきた消費社会システムに大きな原因はあるが，それを無批判に受け入れ，物質的豊かさを満喫しそれを容認してきた消費者にも責任がある。したがって私たちは被害者であり，また加害者でもあることを認識しなければならない。

1） 地球環境問題への国際的取り組み

地球規模で拡大している地球環境問題への国際的取り組みとしては，地下資源の枯渇，地球環境の悪化という現実を受けて開かれた地球サミット「国連環境開発会議」（1992年，リオデジャネイロ）がある。ここでは地球環境の保全を実現するための開発の定義を示した「環境と開発に関するリオ宣言」を採択している。リオ宣言では，「持続可能な開発」を強調している。

「リオ宣言」で署名された行動プログラムの1つである地球温暖化についての具体的な取り組み「気候変動に関する国際連合枠組み条約」は，後述するように，まさに国際的な規模でなされなければ実効性の上がらない地球環境問題である。しかし，同時に消費者が，日々の生活活動の中でどう対応するかに深くかかわる問題でもあるから，環境保全についての意識高揚と，足元からの実践が急がれている。

2） 資源循環型社会を拓くグリーンコンシュマー

現在の自分・家族はもちろんのこと未来の地球社会に暮らすあらゆる人々，生物体の生態系を守るためには，いまや人任せ，国任せは許されないところまできている。何をどうしたら資源保護とともに環境負荷の少ない生活スタイルが実現できるのだろうか。

それにはまず物質至上主義から脱却し，行き過ぎた欲求（wants）を制御して，必要性（needs）へと引き戻すことであり，各自が資源循環型社会の実現に向けた消費者（Green Consumer/環境負荷の少ない商品を比較選択できる消費者）になることである（表Ⅳ-4）。

1. 自立的な消費行動を拓く意思決定スキル 69

表Ⅳ-4　Creen Consumer の 10 原則

1	必要な物だけを買う
2	ゴミは買わない。容器は再利用できる物を選ぶ
3	使い捨ての商品は避け，長く使えるものを選ぶ
4	使う段階で環境への影響が少ないものを選ぶ
5	作るときに環境を汚さず，作る人の健康や生活を脅かさない物を選ぶ
6	自分や家族の健康・安全を損なわないものを選ぶ
7	使ったあとリサイクルできる物を選ぶ
8	再生品を選ぶ
9	生産・流通・使用・廃棄の各段階で，資源やエネルギーを浪費しないものを選ぶ
10	環境対策に積極的なお店やメーカーを選ぶ

（グリーンコンシュマー九州・山口ネットワーク編：グリーンコンシュマーガイド，1998）

表Ⅳ-5　資源循環型の生活視点「5つのR」

生活視点	行動のポイント
・Recycle（リサイクル）	・廃棄されたものを資源として再生する（古新聞紙→トイレットペーパー）
・Reuse（リユース）	・一度使用したビンを洗って何回も再使用する（ビール瓶，牛乳瓶など）
・Reduce（リデュース）	・容器や包装の減量化（裸売り，詰め替え可能な容器の商品選び）
・Refuse/Reject（リフューズ/リジェクト）	・無駄な商品・サービスを断る（商品の過剰包装，勧誘商品，環境に負荷を与える物など）
・Regain（リゲイン）	・回復・復元（絶滅危惧種の回復，破壊した自然の復元，河川の浄化など）

注）ヨーロッパの 3R & 4R エコロジー運動の考え方に Regain（復元・回復）を加えて作表

　また，グリーンコンシュマーとして，資源保護・資源循環型の生活視点からライフスタイルを改革する対策として，ヨーロッパ先進地帯ではゴミ問題の解決を中心に「4つのR」（Recycle, Reuse, Reduce, Refuse）を生活習慣にすることが推進されている。ここではこの4つのRに，さらに壊れたもの・消滅危惧のものを復元・回復する（Regain）消費者行動を加えた「5つのR」（表Ⅳ-5）からライフスタイルの改革・実践を始めることを提案する。

（3） 主体的な生活行動に必要な意思決定スキル

これまで述べてきたように，消費者問題および消費者問題から派生する環境問題に対応するため，国は法制度によって悪質な商品・サービスに対する罰則を定めたり，消費者啓発あるいは学校における消費者教育によって賢い消費者づくりを進めてきた。また市民団体を中心に輪を広げている緑の消費者（グリーンコンシュマー）づくりも資源循環型社会を目指す消費者実践の１つである。しかし，相変わらず地球上の貴重な資源を浪費し有害化学物質をまき散らしてきたのは結果的に見れば消費者である私たちである。

これからも規制緩和の波に乗って，品質の異なる輸入食品・衣料・建材など，国内外で生産された生活用品を選択・購入し，使用・廃棄の判断と実行に当たる消費者の自己責任は益々重くなっている。この消費者の自己責任は，商品・サービスを入手するだけに止まらず，自分や家族のさまざまな生活行動の決定においても負わなければならない問題である。

こうした生活者（消費者）としての権利と責任を全うするためには，主体的な生活行動に必要な意思決定スキルを身につける必要がある。

その基本は先に述べたグリーンコンシューマーが重視する姿勢，すなわち商品・サービスの入手に際して衝動的に求める欲求ではなく慎重に自己判断してその必要を見極める生活行動から始まる。その過程（意思決定のプロセス）は次のようになる。

意思決定のプロセス（process）

①問題の調査・分析→②価値判断→③意思決定→④行動→⑤アセスメント

①では問題を自覚し，問題に関連することを調べ，現状分析をする，②では自分自身の経済的・文化的・社会的価値観に照らして，これから実行しようとする行動に対する複数の考え方（価値観）を見つける，→③では②で見出した複数の選択肢から１つの行動を主体的に決定する，→④で実行，→⑤で自分の行動を評価する。

この５つの過程を通して意思決定スキルを高めるには，プロセス②でより自分らしい生き方に沿った価値判断が必要である。その鍵を握るのは 衝動的な消費者行動を抑制する「批判的思考力」(critical thinking) である。批判的思考

力は自分が納得・判断し決定するためのさまざまな情報を，個人あるいは地球市民の立場から確かめたり，その有用性を洞察して，多様な選択肢を自分なりの重み付けで優先順位を決める力の基本になるものである。賛成，反対によるそれぞれの主張を明確にしながら相手の立場に反論していくディベートの討論過程は，この批判的思考力を高める。

デイベート討論過程

①課題確認（自分の立場を確認する）→②討論（賛成，反対派による主張）→③質疑・反論→④最終弁論（論題およびこれまでの反論を踏まえ結論を述べる）→⑤聴衆の判定（聴衆側が論題に対する考えを出す）→⑥審判から講評を聴く。

2. 生活資源・エネルギー管理スキル

客観的な判断の下，自分なりに意思決定し入手した生活資源（Ⅰ章，5）やガス・電気などのエネルギーを有効に使用・管理していくことも，また私たちの自己責任である。グリーンコンシュマーとして，先に掲げた5Rの生活視点に立って，環境への負荷を少なくするための管理スキルを工夫してみよう。

(1) ガス・水・電気などのエネルギー管理（CO_2 削減）スキル

エネルギー問題で，現在第一に課題になっているのが地球温暖化を防ぐための温室効果ガスをどのようにして削減するかということである。

地球の温暖化による日本への影響としては，①夏の平均気温の上昇（平均2℃）による渇水と集中豪雨による水害，②CO_2の増加により気温が上昇すると耕作適期が延びたり，光合成が盛んになるプラス効果もあるが，水稲の場合は涼しい地方を除くとマイナスが大きく，米の生産が減少する，③地球全体のマラリア流行可能地域が10～30％広がり，日本でもマラリア流行の危険が生じる，④過去70年間にすでに約120 km^2 の国土が海岸浸食で失われており，このままだと21世紀末には界面上昇は50 cm となり，砂浜の景勝地や海水浴場が失われると予測されている。

そのために議論し，世界各国が力を合わせて大気中の温室効果ガスの濃度を一定程度以上に増やさないようにすることを目的に結ばれたのが「気候変動に

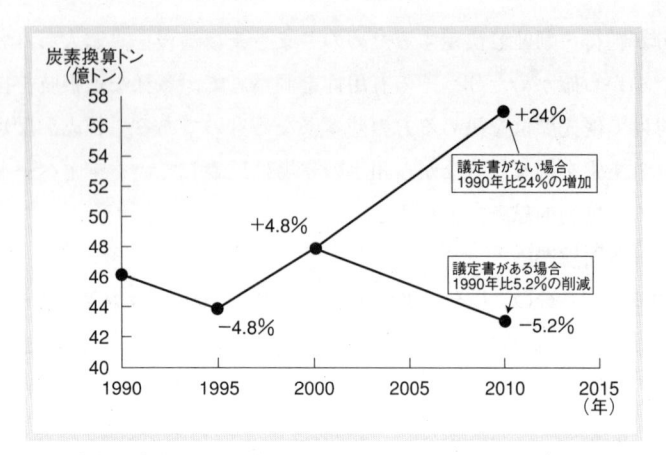

図Ⅳ-1　京都議定書によって期待される二酸化炭素削減効果（先進工業国分）
(環境庁編：リーフレット「京都議定書と私たちの挑戦，環境庁，1999)

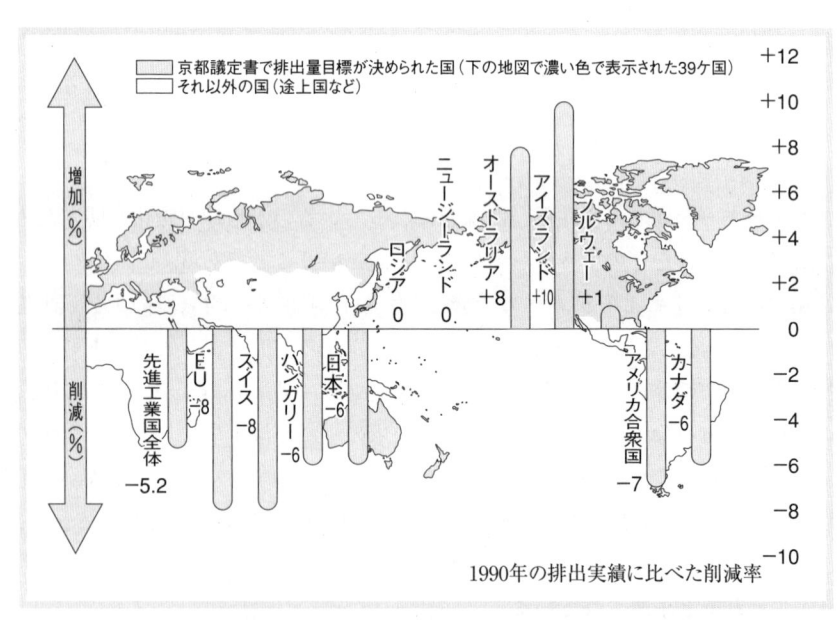

図Ⅳ-2　京都議定書で決められた主要国の温室効果ガス排出削減目標
(2008年～2012年の目標)
(環境庁編：リーフレット「京都議定書と私たちの挑戦，環境庁，1999)

関する国際連合枠組条約」(1992.5) である。この条約の下で先進工業国全体から出される温室効果ガス量の 2000 (平成 12) 年以降の削減目標を 5.2％，日本においては 6％削減を決めたのが第 3 回締約国会議（地球温暖化防止京都会議，1997.12) でまとめた「京都議定書」である（図Ⅳ-1, 2)。すでに触れたように 2001 (平成 13) 年 11 月には第 7 回締約国会議がモロッコで開かれ批准の準備に入って今日に至っている。

1) 省エネ（小エネ）型ライフスタイルへの転換

地球温暖化の主な原因である二酸化炭素は，自動車，飛行機，発電，製品の製造，上下水道の浄化など，豊かな日常生活をはじめとするあらゆる生産・消費の生活活動に必要なエネルギーの消費量に比例してその量を増やしている。

現在，日本で排出している二酸化炭素の約半分 (48％) は家庭生活に関連して排出されている。この防止対策を確実に進めるためには，私たちが日常生活や職場で自主的に取り組めることから始めなければならないが，環境庁（省）は 1999 (平成 11) 年段階で 4 つのチャレンジ，①グリーンオフィス，②環境家計簿，③アイドリング・ストップ，④1 日 1 万歩を提案し推進している。

また，環境庁（省）と東京・世田谷区の協力で，環境にやさしい暮らし（エコライフ行動，表Ⅳ-6) を実施し，その効果を二酸化炭素排出量で換算し具体的な数値で確認する「環境家計簿によるチェック」（資料 4, p.146）といった取り組みもしている。

2) 省エネ（小エネ）型ライフスタイルの推進対策

上述のようにさまざまな取り組みはあるが，基本的には省エネ（小エネ）型ライフスタイルの社会システム構築と足元から始める実践である。

a. 省エネマインドへの切り替え　電気依存型症候群からの脱皮とか電気漬け生活から抜け出すことといわれるように，化石燃料(石油，ガス)や電気製品に囲まれた便利で機能的と思われる見せかけの豊かな生活を見直して，自然との共生に人本来の生活があるという生き方(価値観)に切り替えることである。

b. 省エネを促す社会システムづくり　国・地方行政，企業等が中心に取り組む内容が多い。

① 消費エネルギーの削減と二酸化炭素排出削減の実効性を高める規制誘導政策を講じる（例：環境税，二酸化炭素税など）。

表Ⅳ-6 エコライフ行動リスト（省エネ型ライフスタイル）

A. すぐやってみよう

生活の場	具体的行動
・家電製品全般	・使用していない家電製品のコンセントを抜く
・照明	・使用していない部屋でつけっぱなしになっている照明を切る
・テレビ	・視聴していないテレビのスイッチを切る
・冷蔵庫	・冷蔵庫の温かい食品をそのまま入れず、冷ましてから入れる。冷蔵・冷凍の強弱の設定を「強」から「中」にする
・入浴	・お風呂のふたをまめにする。シャワーを使うときは出しっぱなしにしない
・調理	・ご飯ができあがったら、できるだけ炊飯器の電源を切る。12時間以上の炊飯ジャーでの保温はしない ・電気ポットのお湯を長時間使用しない場合はコンセントを抜く

B. じっくりやってみよう

生活の場	具体的行動
・テレビ	・テレビの音量を必要以上に上げたり、画面の明るさを必要以上に明るくしない
・冷蔵庫	・計画的な調理により扉の開閉を最低限にする
・洗濯	・風呂の残り湯を洗濯に利用する。洗濯はまとめ洗いをする 洗濯機ですぐ前に脱水をする。衣類乾燥機にかける前に十分な脱水を行う。洗濯物はまとめて衣類乾燥機にかける 軽い汚れの時はスピードコースで洗濯する
・掃除	・掃除機をかける前に部屋を片づけ、掃除時間を短縮する
・暖房	・暖房の設定温度はなるべく低めにする ・暖房している部屋のドア・窓の開閉回数を少なくし、暖房を逃さない
・入浴	・帰宅の遅い人を除き、家族全員が続けて入浴する ・ガス給湯器や風呂釜の種火をこまめに消す
・調理	・冷凍食品を電子レンジで解凍する際は、肉や魚等の生ものは半解凍でやめ、あとは自然解凍する
・その他	・アイロンは余熱を上手に使ってかける ・アイロンは電気をつけっぱなしにしない

（飛永雅信，エコライフ実践活動 in 代永中町会 '97, p.33, 国民生活 8 月号，1998）

② 都市づくり，企業の生産活動，消費者行動などに対する多面的な環境政策を推進する（例：ソフトエネルギーとしての太陽光，風力，燃料電池，太陽熱，地熱の利用など）。
③ 製品の製造・流通，販売・廃棄に至るまでのエネルギーの見直し，無駄のないリサイクル型・循環型事業へ移行する（ビジネスモデルの変革）。

c. 省エネ型ライフスタイルの構築　　省エネと小エネの組み合わせによって，いたずらに「質素・節約型」を強要するのではなく，「供給を増やさず小エネで（省エネ製品に取り替える）」など，生活の質を落とさずにシンプルな暮らし方・生き方（Simple is Best）を工夫し実践することである（表Ⅳ-6）。

（2） 省資源（ごみ減量化・再資源化・再使用）による資源の管理スキル

循環型社会の構築に当たっては，まず日常生活の中で電気，ガス，水，灯油，ガソリン等の消費量を減らす工夫の積み重ねで，省エネルギー・温室効果ガスの排出量を削減することができる。

一方，衣・食・住の営みに必要な食糧，繊維材料，建築材料などの生活資源もまた地球社会に無限にあるわけではない。持続可能な社会・環境の保全を考えるならば，省エネルギー対策と同様の生活視点（5つのR）を基本にした管理スキルが重要となる。

1） ごみの減量化

人が生活している限り必ずごみは排出される。現代のごみ問題は，大量生産・大量消費・大量廃棄（使い捨て）のライフスタイルが，その量を増大しただけでなく種類が多様化し（図Ⅳ-3），適切な処理が難しくなり，処理コストも増加しつつある点である。ごみは専門業者によって処理されたものを最終的には埋め立て（最終処分場），生態系に処理・分解を依存している。しかし最近ではこの生態系では処理できないもの（環境ホルモンなど）を廃棄・排出するため，海の魚にメス化現象が発生するなどといった新たな環境汚染に広がっている点も見逃せない問題である。

1997（平成9）年環境庁調査による一般廃棄物の排出量1,112（g／人・日），総排出量5,120（万トン／年）をどのように克服すべきであろうか。まず，環境からの原材料の発掘・採取・使用を必要最小限に止めたり，日本で習慣化して

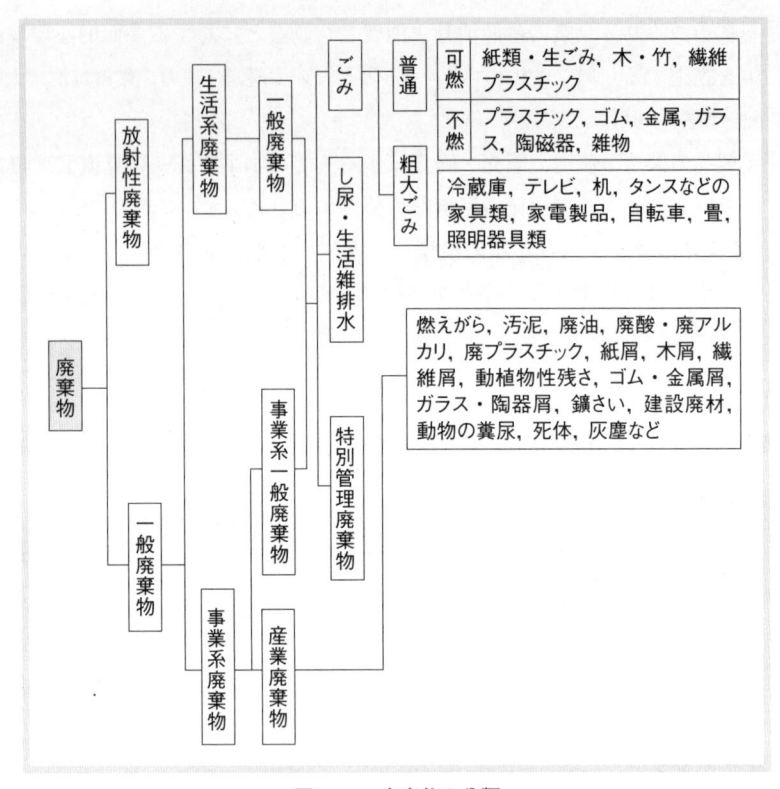

図Ⅳ-3 廃棄物の分類
（厚生省編：日本の廃棄物'96を資料に作図）

いる無駄な容器・包装（ごみの75％を占める）を見直したり，また廃棄物資源化の推進などでごみの総排出量を減らす（減量化，Reduce）ことである。

2）廃棄物（ごみ）の資源化とリサイクル（Recycle）

廃棄物（ごみ）は一般廃棄物と産業廃棄物に分けられる。ともに資源化・リサイクルの対象になるが，ここでは一般廃棄物（図Ⅳ-4）について見る。

各自治体の取り組みによって多少異なるが，廃棄物資源化の目的は，①リサイクルの推進，②未使用エネルギーの活用，③ダイオキシン対策のため，可燃ごみを資源化する施設の整備となっている。

資源化は家庭で発生した不要品のうち，古紙などの有価物（資源ごみ）が集団回収で資源回収業者に引き取られたものに，図中①〜⑦を加えた物が⑩直接

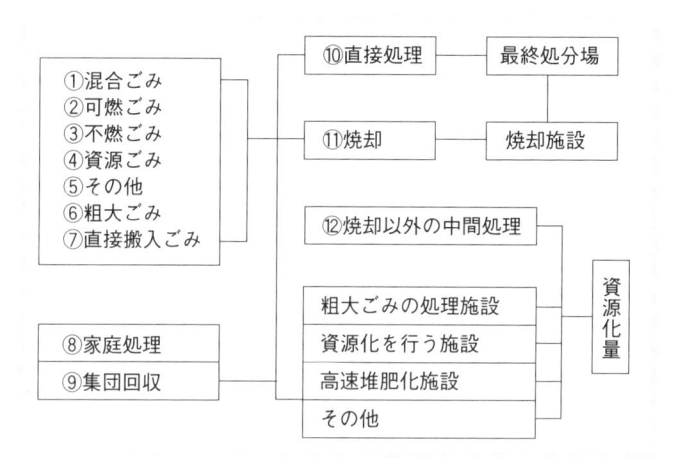

図Ⅳ-4　一般廃棄物の処理工程
(厚生省：日本の廃棄物処理，平成9年を資料に作図)

図Ⅳ-5　リサイクルマーク（例）
(山梨県環境局環境活動推進課編：エコライフノート，p.2，山梨県，1999)

埋め立て分を除き，⑪焼却，あるいは⑫焼却以外の中間処理施設を経て資源化される（図Ⅳ-4）。

a. 可燃ごみ　焼却によって発生した余熱は施設が整備されれば発電，共同浴場・温水プール，ハウス栽培等に利用できる。ごみ重量の35％を占める灰は埋め立て地に運ばれる。

b. 資源ごみ　リサイクルマーク（図Ⅳ-5）のついたびん・缶類や新聞紙・雑誌等の古紙や衣料はリサイクル工場で分別され，再生工場でノート，トイレットペーパー，コピー用紙，あるいはびん・缶類の再生品ができる。

c. 燃えないごみ（大型ごみ・家電・家具等）　解体できるものは業者によって解体・分別され，部品でリサイクルできるものは再生工場へ，他の物は管理型最終処分場に埋め立てられる。しかし将来の地下水や河川の汚染にも繋がりかねない埋め立て処分場の建設も限界にきているのが現況である。

　私たち消費者がやるべきことは，まず不要なものは買わない，ごみになるものは買わないということである。買う際は二酸化炭素の排出量の少ない環境に配慮している製品（エコマーク・リサイクルマークのついた商品）を選び，野菜や果物は"はだか売り"を求める徹底したグリーン購入が必要である。

　また，ごみ出しでは資源のリサイクルを考えて各自治体が定める分別収集に従うことである。大型家電ごみを除くごみ回収費は税金で賄われていることを忘れないようにしたい。

d. 家庭でリサイクル　行政に任せるだけでなく心がけ次第で家庭においても多様なリサイクルは可能である。たとえば，食用油は使い切ることが原則であるが，余ってしまった油をストックしておき，ある程度の量になったら"手づくり石けん"をつくるのも身近なリサイクルである。この他牛乳パック利用のハガキづくり，生ゴミを直接土に埋める，家庭用コンポストによる堆肥づくりもある。

3）再使用（Reuse）

　ごみは買わないという原則に立つと，容器価格を含む使い捨て容器入りのものは買わないようにすること，すなわち容器は何度も使える（再使用できる）ものを選ぶことである。この代表的なものがリターナブルびんで，ビールびん，コーラ・サイダーびんなどがある。繰り返し使用することを前提にしているので，強度を高めるため肉厚の洗浄しやすいデザインで造られている。回収費は商品の価格に含まれているので，空びんを持参すると返金される。

　しかし，びんには二面性がありワンウエイびん（ドリンクびん，ウイスキーびん，ジャムびんなど）もある。これらは白・黒・緑・青・茶に色分けし，カレットとしてリサイクル（利用率78.6％／1999年）されている。

　また，容器を何度も使う工夫では詰替用商品（液体洗剤，シャンプー，インスタントコーヒーなど），再生紙利用の卵パック，1枚5～10円のレジ袋（買い物袋持参がよい）の再使用も考えられる。

（3） 生活時間・労働の管理スキル

　生活資源の1つである「時間」はすべての人に平等に与えられている資源であるが，使い方によって生活の内容や質は大きく変わる。一般に生活時間は，①睡眠，食事，入浴等の生理的生活時間，②家事，学業を含む労働生活時間，③交際，読書，レジャー等の社会的・文化的生活時間に分類される。単純に見ても生理的生活時間は生きていくために必要不可欠な時間であるからむやみに削ることはできない。過重労働を重視すれば収入は増えるが，休養や余暇時間が少なくなり心身の疲労がたまるなど簡単に良しあしを判断するのは難しい。生活時間の使い方は性差，年齢差，学歴，気候，地理的条件などにより多様である。

1） 日本人の生活時間の変化

　NHKによる2000年国民生活時間調査（文研世論調査ファイル）によると，国民全体の平均時間で，平日の生活時間を見ると，通勤時間は増加の傾向であるが，睡眠時間，仕事（学業も含む）・家事時間の減少から，自由・余暇時間の増大と夜型の生活が顕著である。高校生について見ても，毎日の帰宅時間は4割が夜8時以降，寝る時間は7割が午前零時以降と夜型の生活を認め，体の具合が悪くなる理由として睡眠不足を挙げている（図Ⅳ-6）。

　一方，家事時間を成人男・女についてみると，1985（昭和60）年以降，家事を肩代わりするサービスの増加で男女ともに平日と土曜日に大幅な減少が続いているが，日曜日でも女性は4時間36分（炊事・掃除・洗濯），男子1時間21分（買い物，その他の家事）と，男女格差は一向に縮まらないままである（NHK：2000年国民生活時間調査結果―文研世論調査ファイル）。

2） 生活時間と労働

　報酬を目的にする職業労働では，1日8時間労働が労働基準法で決められているが，収入の問題や職業形態によっては昼夜を分けて働く人もあれば，最近の若者を中心にした，一定の職業をもたずに気の向くままに仕事も時間も自由に選ぶ"フリーター"族など，就業形態・労働強度によって生活時間に占める労働時間やその働き方の現状はさまざまである。しかし，一生の多くの時間が職業労働に使われるのであるから，職業の選択は慎重にすることが望まれる。

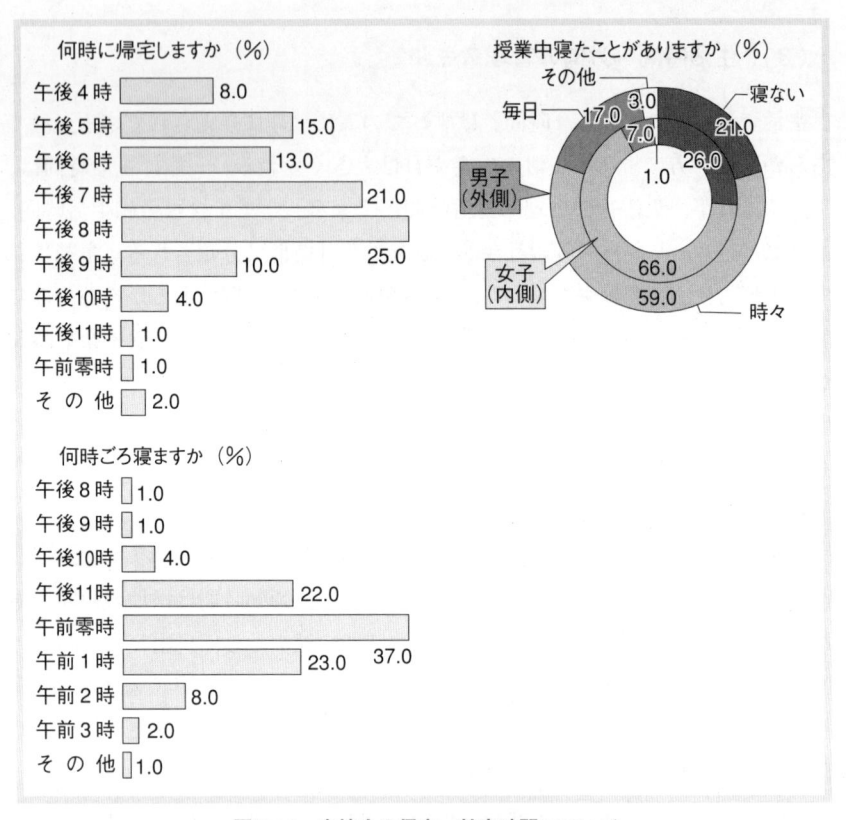

図Ⅳ-6 高校生の帰宅・就寝時間について

何時に帰宅しますか（％）
- 午後4時: 8.0
- 午後5時: 15.0
- 午後6時: 13.0
- 午後7時: 21.0
- 午後8時: 25.0
- 午後9時: 10.0
- 午後10時: 4.0
- 午後11時: 1.0
- 午前零時: 1.0
- その他: 2.0

何時ごろ寝ますか（％）
- 午後8時: 1.0
- 午後9時: 1.0
- 午後10時: 4.0
- 午後11時: 22.0
- 午前零時: 37.0
- 午前1時: 23.0
- 午前2時: 8.0
- 午前3時: 2.0
- その他: 1.0

授業中寝たことがありますか（％）
男子（外側）：寝ない 21.0／時々 66.0／毎日 17.0／その他 3.0
女子（内側）：寝ない 26.0／時々 59.0／毎日 7.0／その他 1.0

（山梨県塩山高校保健委員会が峡東5校3520人に行った高校生の生活実態アンケートより，2001年6月山梨日日新聞に公表）

　中国を除く世界経済の同時低迷期にあって年齢層を問わず新規採用の鈍化，リストラによる解雇など，働きたくても就労が難しい昨今であるが，国はさまざまな対策を講じている。とくに新卒者・未就職卒業者支援では，求人情報の提供，職業相談・紹介，就職面接会，若者の職業意識啓発など，積極的な対応が見られる。

　一方，自由時間との関連で見ると報酬を目的とする職業とは異なるが，家庭生活の運営に必要な家事の時間も拘束性のある労働時間である。女性の就労増に伴い家事の外部化は進んでいるが，日々の衣・食・住や保育などに関する家

事は家族の協力や愛情を育む行為でもあるから，単純に家事の省力化を進めることには課題が残る。ジェンダーフリー・男女共同参画社会を推進する社会では，家族全員による役割分担を原則にして，家事が男女を問わず一人の担当者に偏らない工夫が一層必要になっている。

3) 自由（余暇）時間

睡眠，食事，身の回りのこと，学業，職業等は健康に生きるためには欠くことのできない生活内容であるが，自由時間の内容は自主的に自由に選択できる。生活を楽しむ精神的なゆとり，自分がどう生きたいか，どうありたいかに即してその内容が検討できる時間である。

現在の生涯学習社会においては，各自の自由時間に応えるメニューが自治体単位，大学における公開講座，地域ボランティア等，身近な地域社会に豊富に出揃っているが，定年退職者，高齢者の参加が中心になっているのが現状である。これからは生涯を通して老いも若きも，性を問わず現役時代から教養，趣味，娯楽など精神面の豊かさやストレス解消に，また人生80年を元気に暮らすための体力づくりなど，より自分らしく生きる貴重な自由時間の使い方について，心身両面からの検討と実践が必要である。

世界の統計（2001）より年間総実労働時間の国際比較（製造業，生産労働者）を見ると，ドイツ，フランスは1700時間以内であるが，イギリス，アメリカ，日本は1900時間を越えて有職者の労働時間は増加の傾向である。NHKの2000年，国民生活時間調査では10時間／（平日）を越えて仕事をした人は，1995年；17％→2000年；21％，特に技能職・作業職では19％→23％となっている（表Ⅳ-7）。これは不況による仕事の減少以上に人が減っていることが1人当たりの仕事時間増になったと考えられる。

国の法定労働時間では，1日8時間／1週40時間／1年1800時間の達成・定着の遵守・徹底を図り，労働時間の短縮推進（時間外労働の限度基準を指導），長期休暇の（L休暇）促進による21世紀の新たな生き方を提唱している。

この提唱と現実の職種によるオーバーワークの矛盾は早期に改善されるべき点の1つである。

また，一方で，国・企業は昨今の雇用不安定な時期を乗り越えるために，パート雇用の労働条件の改善，労働時間を分け合うワークシェアリング（work

表Ⅳ-7　仕事の時間量（平日・職業別）

	行為者率		全員平均時間		10時間を超えて仕事をした人	
	1995年	2000年	1995年	2000年	1995年	2000年
	%	%	時間：分	時間：分	%	%
有職者	90	90	7：22	7：34	17	21
農林漁業者	90	88	5：56	5：26	8	7
自営業者	90	89	6：58	6：57	18	19
販売職・サービス職	83	82	6：33	6：25	17	18
技能職・作業職	93	93	7：45	8：13	16	22
事務職・技術職	94	95	8：02	8：22	19	23
経営者・管理職	95	95	8：32	8：23	25	27
専門職・自由業その他	87	85	6：31	6：41	16	19

（2000年国民調査，文研世論調査ファイル No.9, 2001.3 より作成）

sharing）を提案するなど労働時間関連問題への対応なども検討されている。

2002（平成14）年4月から小・中・高校でも完全5日制が実施される。週末の労働・余暇時間の使い方を個人・家族単位によるプランを出し合って，家庭内での相互理解と支援によって，豊かな時間活用をしていきたいものである。

（4）生涯を見通した金銭（貨幣）管理スキル

高度に発達した経済社会に生きる現代の私たちは自給自足のみの生活は不可能で，企業が生産する商品・サービスを購入して日々の生活を営んでいる。その購入に必要な金銭（貨幣）は職業労働によって得た収入で賄われるのが一般的である。経済活動の基本は「最小の手段で最大の効果をあげる」ことであるが，経済主体が誰であるかでその目標や経済行動は異なってくる。家庭を単位にしたものが家庭経済（家計）である。家庭経済は企業・政府の経済活動とともに国民経済を構成し，さらに現代の国民経済は，「アメリカがくしゃみをすれば日本は風邪をひく」といわれるように，国際経済とも密接に関連している。このことは為替レートの変動からも明らかである。

消費者と向き合う企業（生産者）は「最小の費用で最大の利益をあげること」が目標であるが，家庭経済（消費者）では「最小の費用で個人・家族の欲求の

最大満足と生活の長期的安定」が目標となる。この目標に向けて家庭経済では家族それぞれの収入を基にして，ライフスタイルやライフイベントに合わせて生活費の配分や，貯蓄と負債の割合などを考え赤字に陥らない金銭管理をしていかなければならない。

1） ライフステージごとにみた家計収支の特徴

長引く不況，米国での同時多発テロなどが反映した世界的な不況化における内閣府の世論調査（2001.9.6～19／20歳以上の男女1万人を対象）によると，国民の3人に2人（65％）が日常生活で悩みや不安を感じている。その要因としては，「今後の収入や資産の見通しができない」（38％）をトップに老後の生活設計，自分・家族の健康などをあげている。「働く目的」についても，2年前の調査では「生きがいを見つけるため」（35％）が最も多かったが，今回は収入に対する不安や不満を反映して「お金を得るために」（50％）がトップである。

このように各自の経済生活は世相の影響を受けると同時に，各自のライフステージにおけるライフスタイルやイベント計画によっても収支内容は変化する。

a. ひとり暮らし　諸外国では18歳に達すると独立（家を出る）するのが原則である。わが国でも一般的には大学進学を起点にひとり暮らしが社会的にも認められて始まるが，一方では，卒業したら，社会人になったらひとり暮らしを始めようと考えている人も少なくない。さらに「独身貴族」とよばれ，親と同居する独身社会人もいる。このように暮らしの背景によってひとり暮らしの実態は異なりとらえにくいが，1995（平成7）年から始まった総務庁「家計調査」，「単身世帯収支調査」から，たとえば消費支出に占める情報関連支出の割合を見ると次のようである。

1995（平成7）年から急速に高まり，2000（平成12）年には5.6％と，98年以降の増加が顕著である（図Ⅳ-7）。また，24歳以下の世帯では消費支出の7.5％を占め，とくに携帯電話利用率は20代で男子；87％，女子73％と高率である（図Ⅳ-8）。また，単身世帯における光熱費（5.8％）も情報関連支出と同等のウエイトを占めている点は環境問題とからめて見逃せない数値である（図略）。

b. 共働き夫婦　共働き夫婦は一般に結婚で始まる。一般的にはこのステージでは"結婚"というイベントにかかる費用がまず問題となる。バブル期の

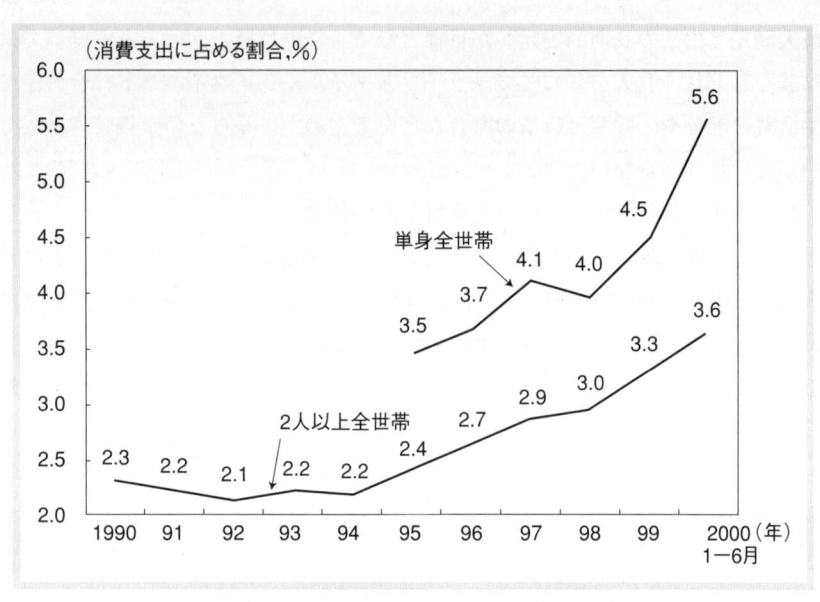

図Ⅳ-7　95年以降増加している情報関連支出
(経済企画庁編:国民生活白書　平成12年版, p.173, 2001)

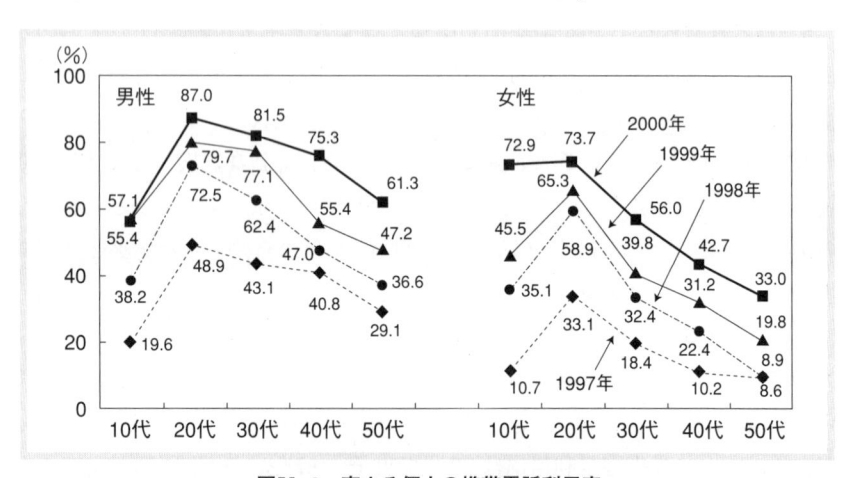

図Ⅳ-8　高まる個人の携帯電話利用率
注) 1. (株)野村総合研究所「第7回情報通信利用者動向の調査」(2000年)により作成
　　2. 携帯電話 (PHSを含む) を利用している人の割合
　　3. 各年とも3月現在
　　4. 全体の利用率は, 27.1% (97年), 41.2% (98年), 51.2% (99年), 62.1% (2000年)
(経済企画庁編:国民生活白書　平成12年版, p.174, 2001)

派手さはなくなったが人生の節目として"ジミ婚，ハデ婚"いずれにしても，その出費はかなりのものとなるため結婚前から予測し準備しなければならない。結婚後は共働きを原則に考えると，夫婦ふたりの収入で経済的ゆとりはできるが，マイホームの購入準備や新居の家賃，新婚旅行，新たな親戚・知人との交際費，将来の出産への貯蓄などが増えていく。

家庭経済の管理・運営のスタート期であるから，暮らし方に関するふたりの考え方や意識（ライフスタイル）を十分に出し合って意見の疎通を図る必要のある時期である。

c. にぎやかな家族生活（子育てと教育） 一般的にこの時期は，子宝に恵まれたにぎやかな家族生活期であり，世帯主の収入増もあるが，女性（妻）は出産・育児のために退職するケースも少なくない。退職せず育児休暇をとるだけでも，一時的には収入減になることは明らかである。ところが消費支出では家族数が増えた分，食料費，保健医療費の割合が膨らむ時期で経済的ゆとりは小さくなる。2人の子どもを預けて働く共働き夫婦の場合，1人分の収入は保育費にかかるといわれている。働き続けたい女性にとっては保育料も問題であるが，フルタイムで仕事のできる便利な保育施設・保育制度（駅前保育所，時間外保育など）の充実がより強く求められているのが実状である。

一方，このステージの後半では，高学歴社会を反映して子どもの成長とともに教育費の支出が多くなる。長子が大学生になるライフステージでは世帯主の収入も増えるが，たとえば国立大学の授業料年50万円時代の高等教育費の負担は，生活費の仕送りも含めると年200万円（自宅生）〜300万円（下宿生）（文部省「学生生活費調査」）と大変な出費である。子育てを終えた女性の再就職が多いのは，この出費を埋めるためであることが多い。このような時期に行う子ども自身による学費・生活費を補うアルバイトは，自宅生，下宿生を問わず必要なことで，経済的自立の第一歩としても意味がある。

d. 子どもの巣立ち（再び夫婦ふたり暮らしから，ひとり暮らしへ） 子どもが巣立つ（子どもの卒業，就職・結婚）ステージは，伝統的に子育ての締めくくりとして子どもの結婚費用の応援を予定している場合が多い。しかしこの行事が終わると居住形式では2世帯住宅で暮らす場合もあるが，基本的には再び夫婦ふたりの老後生活に入る。

最近では雇用年齢も60～65歳と延長しているものの，一般的には就業収入は減少し，経常的収入源は70歳以上になると9割の人は年金（公的年金，企業年金，個人年金）のみである。その他，貯蓄の取り崩し，保険金，利子・配当利息，不動産収入，公的援助，子どもからの仕送りなども考えられるが，終生当てにできるものではない。それゆえ，老後の収入確保のためにも，青・壮年期の就労継続による年金制度への加入や貯蓄は重要になってくる。

支出では新たな交際費，加齢に伴う保健医療費，退職後の余暇活動に使う教養娯楽費の増加があげられる。この傾向は家のため，子のために自己を捨てて財を残すという従来型から，老後のふたりあるいはひとり暮らしを子に頼らず，元気にいきいきと活動を続ける自己実現願望の表れでもある。社会全体で人生80年の高齢期を経済的にも安心できる支援システム（高齢者の医療費・介護費の負担減，死後精算方式の導入など）の一層の充実が重要になる。

2）消費と貯蓄

ライフステージによる家計収支の特徴を見てきたが，日常生活では阪神・淡路大震災のように自然災害や家族の疾病など，突然起こる出来事も少なくないので経済計画は難しい。しかし一般家庭では，日々の生活を維持する基礎的な消費支出を除いて，入学，卒業，進学，結婚，子どもの誕生，旅行，耐久消費財の購入など，ある程度予測できる出費に対しては計画を立て，生活目標をしぼって実収入に見合った暮らしの工夫をしている。

a. 消費水準でみる消費動向 バブル経済崩壊の兆しが見えてきた1995（平成7）年を基準にその前後の非農家全世帯の消費動向を消費水準で見たのが表Ⅳ-8である。経済成長期にあった1985（昭和60）年，1990（平成2）年は被服及び履き物の消費水準値が高い。一方，生活や経済に対する悩み・先行き不安の多い時期（1999年）では，高齢化・情報化社会の影響から保健医療費，交通通信費の消費水準値は高まっているが，被服及び履き物は118から85に水準が落ちている。教育も89まで低下している。このような消費動向は景気・不景気で変動するとともに，年齢，男女，世帯区分によっても費目単位の傾向は異なってくる。

b. 高い貯蓄率を保有している高齢者世帯 総務庁「貯蓄動向調査報告書」（1999年）によると，64歳以下で1,505万円に対して65歳以上の高齢者世帯で

表IV-8　非農家世帯の消費水準　　（平成7年=100）

年次	総合	食料	住居	光熱・水道	家具・家事用品	被服及び履き物	保健・医療	交通・通信	教育	教養・娯楽	諸雑費
昭和60年	91.1	102.1	80.7	77.6	89.3	113.6	77.7	75.5	86.8	87.7	92.2
平成 2	98.9	105.0	81.2	87.1	95.9	118.2	94.0	88.9	103.1	101.5	95.2
7	100.0	100.0	100.0	100.0	100.0	100.0	100.0	100.0	100.0	100.0	100.0
8	100.6	100.0	102.0	102.8	99.9	95.8	103.6	107.5	99.2	102.9	101.7
9	100.6	100.1	101.3	102.4	100.4	93.6	104.1	107.4	100.3	104.7	97.6
10	98.8	99.0	92.4	104.1	99.8	86.5	101.1	110.3	96.4	103.7	103.5
11	97.8	97.8	95.6	105.2	99.4	84.7	103.6	108.9	89.4	107.8	102.1

（総務省統計局編：家計，p.241，日本の統計　2001，2001）

は他の年齢階級に比べて貯蓄額は2,527万円と豊かな貯蓄率を保有している。壮年期から高齢期に向けて，どんな暮らしをしてきたのだろうか。

　古来，「江戸っ子は宵越しの銭はもたない」と，粋な暮らしを楽しむ地域性をかいま見ることもできるが，プロの芸能人やスポーツ選手の桁外れの収入は別として，市民的な暮らしであれば定期収入の一部を，あるいは臨時収入や賞与を将来の出費に備えて貯蓄するのが常道である。しかし貯蓄は思いついて短期にできるものではない。高齢世帯に見られる高額の貯蓄も，若い時代・働き盛りから貯蓄の目的・目標を設定し，強い意志で欲望・贅沢をコントロールしてきた賜ではなかろうか。

　貯蓄の目的は40～50歳までは「病気・災害，子どもの教育費，レジャー資金」などであるが，それ以降は「老後の生活資金」となっているように，家計における貯蓄の意義は国民性や国の社会保障の軽重によっても多少異なるが，一般には将来の出費に備えることと，資産を形成することにある。

　これまでの貯蓄では，一番に収益性（金利，利息など）を考えた貯蓄方法を選択してきたが，最近の経済的な不安定要素（ペイオフ・銀行倒産，ゼロ金利など）の高い時期では，安全性の優先がなによりも重要になってこよう。

3）キャッシュレス化時代の家計・金銭管理

　キャッシュレス（cashless）化とは現金以外で物・サービスの取引ができる生活の営みを指している。近年，大部分の家庭では銀行振り込みで収入を受け取り，月々継続的に支払う電気料金，ガス代，新聞代，電話料などの生活費を

口座から引き落とすのが普通である。まさにキャッシュレス化時代の家計・金銭管理スタイルである。これら以外にも個人や家族単位でプリペードカード，クレジットカードの利用も多く，都市ではICカード型電子マネーの実用化も始まっている。

　このように日常の支払い方法が多様化すれば，管理の方法も当然現金の収支費目別分類だけでなく，銀行，郵便局などの口座による出し入れの把握も不可欠となる。口座による家計・金銭管理を単純化するには，口座数を最小限にすることであるが，個人や家族情報の暴露や預貯金の安全性を考慮すると，収入用，支払い用とか，銀行，郵便局，信用組合などと，口座を複数に分けたり，金融機関も安全性を確認しながら地理的にも出し入れの便利なところを選択する方がよい。

　また，クレジットカードによる購入では支払日が翌月一括払い，半年・1年の分割払いなど，契約によって決済日をずらすことのできる利便性から，結果的に「多重債務・自己破産」の落とし穴に陥りやすいことは中・高校家庭科等で学んだとおりである。失敗しないためにはこの落とし穴を自覚して，自分・家族の収入内容に見合ったカードの利用，預貯金口座残高の確認と記録管理を綿密にすることが肝要となる。

3. 安全な生活経営に必要なリスクマネジメント（risks management）

　わが国の2001（平成13）年の市民意識・世相が「戦」，「乱」で締めくくられたように，平和を願った21世紀はアメリカの同時多発テロで始まり，さまざまな社会不安が広がった。このような不測の事態（risks）は，「事」の大小を問わずいつどこで起こるかわからないのが現実である。

　身近な問題の一つとして，青少年の国内事故概況（「青少年白書　平成13年版」）を見ると，不慮の事故死（交通事故，溺死，山岳遭難，学校管理かにおける災害，労働災害など）が高く，15～19歳で全死亡数の43％となっている（表Ⅳ-9.1）。中でも交通事故は16～24歳で高い数値である（表Ⅳ-9.2）。これまで，国や私たち個人・家族はどのようにしていのちと暮らしを守る手だてを講じてきた

表Ⅳ-9.1 年齢別・男女別不慮の事故による死亡者数（平成11年）

区　分		0〜24歳	20〜24歳
不慮の事故	男	2,738人	1,135人
	女	911	300
	計	3,649	1,436
交通事故	男	1,875	870
	女	545	226
	計	2,420	1,096
転倒・転落	男	152	69
	女	54	15
	計	206	84
不慮の溺死・及び溺死	男	323	91
	女	95	14
	計	418	105
不慮の窒息	男	164	14
	女	123	10
	計	287	24
全死亡数	男	9,056	3,055
	女	5,150	1,233
	計	14,206	4,288

表Ⅳ-9.2 二輪車・自動車乗車中の交通事故死亡者数（平成12年）

区　分	自動二輪車	原付自転車	自動車
全年齢	795人	780人	3,953人
0〜24	352	232	956
16〜24歳	345	213	898

（内閣府編：青少年の健康と安全，p102，p106，青少年白書　平成13年版，2002より作表）

のだろうか。

（1） いのちと暮らしを支援する国の社会保障制度

　国民一人ひとりの生活の安定が国の安定に結びつくことから，国は日本国憲法第25条「すべて国民は健康で文化的な最低限度の生活を営む権利を有する。国は……向上及び増進に務めなければならない」をふまえて，保健・医療，社会福祉，所得保障，労災・雇用，公衆衛生の5分野から国民のいのちと暮らしを支援している。その社会保障の内容は国際的にも多様で流動的であり，各種の社会保障制度が設けられている（図Ⅳ-9）。

1） 家族の生活困窮を支える生活保護

　「生活保護」は1950（昭和25）年に制定された生活保護法に基づく制度で，

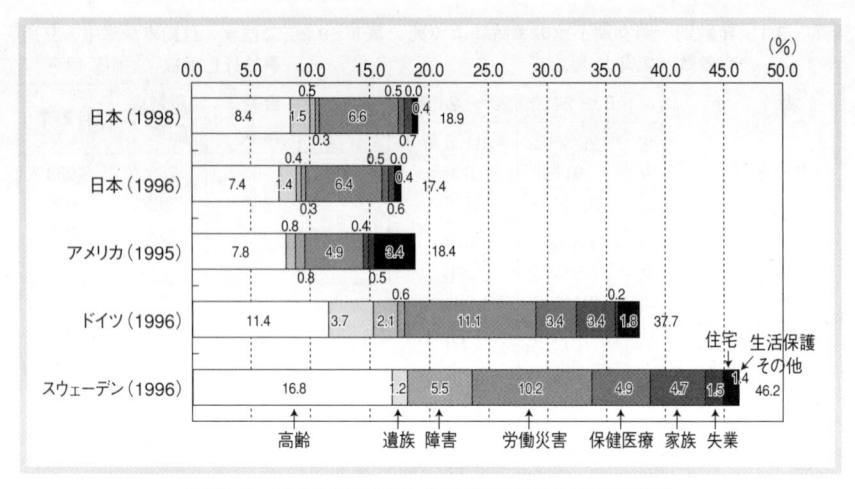

図Ⅳ-9 社会保障給付費（対国民所得比）の国際比較

注）ILO : The Cost of Social Security（第19次調査）
　　NI・GDPは，日本は内閣府：平成7年基準改訂国民経済計算（93SNA），諸外国は，
　　OECD : National Accounts, 2000年版
（厚生労働省編：厚生労働白書　平成13年版，2002）

生活困窮者の生活保障と自立を支援する目的がある。保護の種類は生活そのものの扶助を中心に教育，医療，住宅など多様である。被保護世帯の現状は，高齢社会を反映して高齢者世帯の割合が高く，次いで傷病・障害者世帯，母子・父子世帯である。給付は要保護者自身の地区民生委員や関係機関への申請によってはじめて手続きが始まる。また，自立支援では生活相談や保護，社会復帰への生活訓練や職業指導施設も準備されている。

2）児童福祉

児童福祉は戦後混乱期の子どもを救済するための「児童福祉法」（1946，昭和21年）の公布に始まる。その後，「児童憲章」（1951，昭和26年）が制定され，「児童手当法」（1971，昭和46年）が公布された。

合計特殊出生率が1.34（1999年）となった超少子社会の今日，子育て支援を柱にした「新エンゼルプラン」に基づいた対策がなされている。その一つに「育児・介護休業法」（資料2，pp.143）がある。また，所得制限はあるものの3歳未満まで支給の「児童手当」を，2000（平成12）年から義務教育就学前まで延長している。

最近では，保護者等によるわが子への暴力や，わいせつ行為，放置等から子どもを守るための「児童虐待防止法」(2000，平成12年) も公布された。

3) 高齢者・障害者対策

少子化対策とともに高齢社会の福祉については高齢化が進む1989 (平成元)年，高齢者保険福祉推進10か年戦略（ゴールドプラン）を策定，その後見直されたゴールドプラン21を基本にして，2000 (平成12) 年4月に立ち上がった「介護保険制度」が，医療保険と合わせて高齢者・障害者の生活リスクを支えている。

利用内容は，在宅または介護保険施設でサービスが受けられるが，保険料は年齢・所得段階に応じて市町村ごとに設定され，利用すると費用の1割～2割を自己負担するなど，「総て行政にお任せ」のあり方から，自助・共助・協助・公助の4助論システムの考え方が導入されてきた。

障害者福祉では「障害者基本法」が1970 (平成45) 年に公布され，国際障害者年 (1981年) を経て，1996 (平成8) 年から「障害者プラン＝ノーマライゼーション7カ年戦略」に基づいて，障害者が障害のない者と同じ生活・活動をめざす対策が始まっている。さらにボランティア国際年 (IYV，2001年) を機に障害者・高齢者のための駅構内のエレベーター・エスカレーターの設置，障害者用信号機システム，点字の自動販券機など自立支援の環境は少しずつ整いはじめている。私たちも「指1本でできるボランティア」で公的支援を応援していくべきであろう。

(2) 現在と将来の生活リスクに備える保険制度など

人生80年を心身ともに元気に生きるためには，病気にならないための予防，病気やけがをしたときの適切な治療を安心して受けるための備えが必要である。国情で異なるが，わが国の医療保険制度は1922 (大正11) 年制定の健康保険法によって始まり，国民皆保険の理念に立った制度は1961 (昭和36) 年に実現している。現在は企業における一般健康保険，船員のための船員保険，国・地方公務員の共済組合保険，農業者・自営業の国民健康保険などがある。

保険料は被保険者，事業主，国庫負担が原則になっている。この他，無料を建前にしてきた老人医療制度は高齢化による老人医療費の膨張（医療費に占め

る老人医療費の割合：2010（平成22）年には42％と推計）から，「痛みを分け合う」行政改革によって，低所得者を除き老人の患者による一部負担が2000（平成12）年から実施されている。

このように国による福祉対策や保険制度など社会保障制度は確立しているが，さらにその補完措置としての預貯金をはじめ，個人・家族のニーズによって民間企業の各種保険への加入が増加しているのが実状である。中でも現在の車社会を反映した自動車共済，交通災害共済，多様な付加価値のついた国内外の生命保険への加入等が多くなっている。

これら自由加入の保険類は，行政の支援と合わせて自己責任による現在と将来の生活経営に必要なリスク・マネジメントである。これからも十分に実態（内容・条件等）を把握して，慎重に対応する心構えが肝要である。

■引用・参考文献
・臼井和恵他：21世紀の生活経営，同文書院，2001
・伊藤セツ編著：ジェンダーの生活経営論，ミネルヴァ書房，2000
・グリーンコンシュマー九州・山口ネットワーク編著：グリーンコンシュマーガイド九州・山口版，西日本リサイクル運動市民の会，1998
・買い物ガイドプロジェクトチーム編：熊本版地球に優しい買い物ガイド'95，買い物ガイドプロジェクト，1995
・日本水環境学会編：日本の水環境関東甲信越編，技報堂出版，2000
・井上哲男他：生活科学概論，建帛社，2000
・国民生活センター編：国民生活（4月号 pp.18-21，5月号 pp.30-33），2001
・山梨県環境局環境活動推進課：山梨環境ゼミナール（平成9年報告書），1997
・山梨学院大学行政研究センター編：市民活動の展開と行政，pp.73-88，中央法規，1999
・農山漁村文化協会編：ボランタリーコミュニテイ・現代農業8月号増刊号，pp.152-166，農文協，1999
・自動車製造物責任相談センター編；2000年度活動状況報告，pp.1-21，2000
・経済企画庁編：国民生活白書「高齢者の楽しみと支出」p.181，平成12年版，2000

V章 食・衣・住生活の ベーシックスキル

1. 健康な食生活の実践

(1) 食生活の変化と現代の食環境

　日本人の食生活は，第2次大戦後の社会経済的環境の変化に伴って著しく変化した。食料の生産，流通，加工技術の進展や，人々の生活意識，ライフスタイルの多様化を背景にして，食生活は洋風化，多様化し，便利さや嗜好性が重視されるようになってきている。また，高齢社会の到来とともに健康志向が高まり，食品の安全性や健康によい食品成分への関心も大きくなっている。最近では，国際化の進展に伴って食品や飼料の輸入が急増しており，残留農薬や添加物の規制の問題，狂牛病（BSE）や食品汚染等の安全性の問題，原産国や成分の表示に関する問題等，新たな課題も続出している。さらに，地球環境問題と食生活とのかかわり，貴重な食料資源やエネルギーの浪費を抑え，環境を汚染しない食生活のあり方についても考えねばならない時代になっている。

1) 食事の洋風化

　高度経済成長期以降，食事の洋風化が進み，肉類，卵，牛乳・乳製品，油脂類の摂取量が増大し，米，いも類，豆類の摂取量が減少した（図V-1）[1,2]。これに伴い，従来不足していた栄養素の摂取量は増し，日本人平均で今なお不足している栄養素はカルシウムのみとなった（図V-2）[2]。たんぱく質（P），脂質（F），炭水化物（C）のエネルギー比率も平均的には適正な摂取比率となっている（図V-3）[2]。しかし，若年層では脂質の過剰摂取傾向がみられ，また個々人では栄養摂取のアンバランスが多いこと等が懸念されている[2]。脂質の摂りすぎは肥満や生活習慣病を引き起こす危険因子と考えられており，これ以上の食

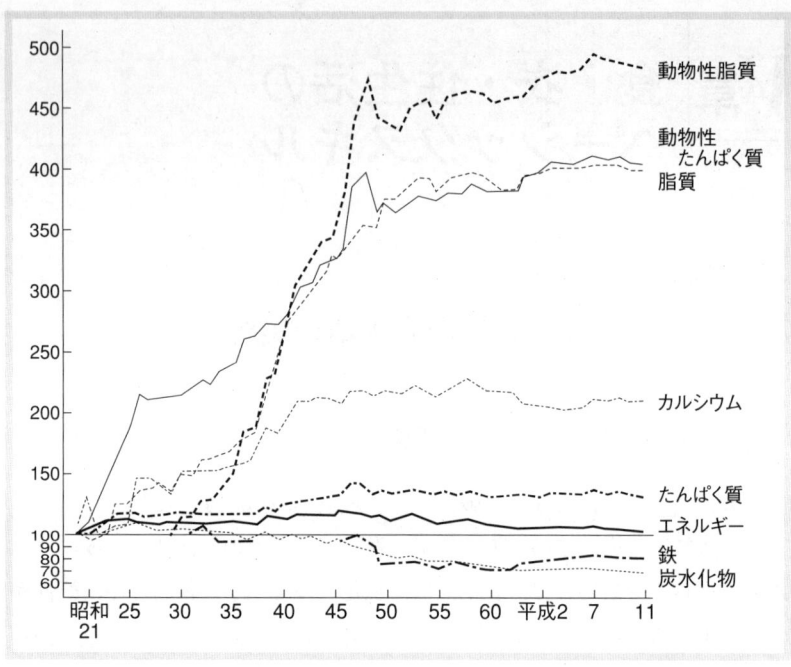

注）動物性脂質については昭和27年＝100，鉄については昭和30年＝100としている。
図V-1　栄養素等摂取量の推移（昭和21年＝100）

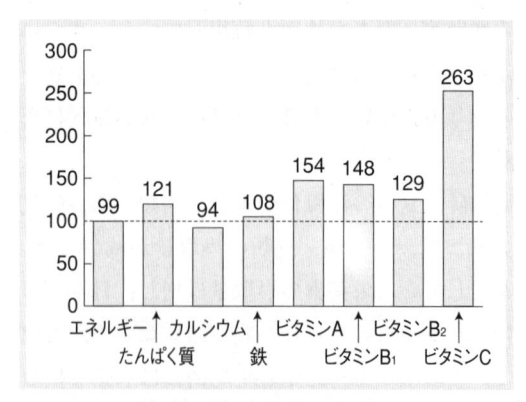

図V-2　栄養素等摂取量と調査対象の平均栄養所要量との比較（調査対象の平均栄養所要量＝100）
（健康・栄養情報研究会：平成11年国民栄養調査）

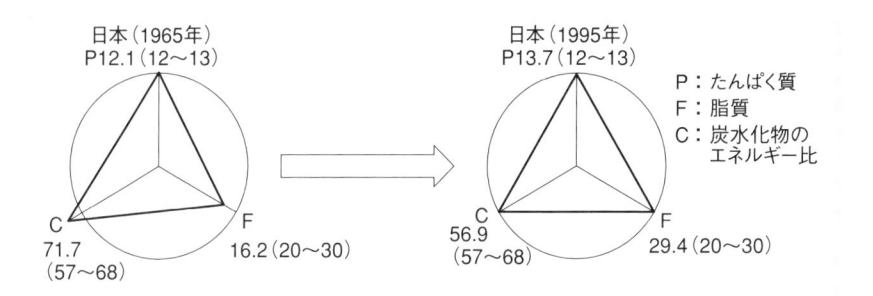

日本（1965年）
P12.1（12〜13）

C
71.7
（57〜68）

F
16.2（20〜30）

日本（1995年）
P13.7（12〜13）

P：たんぱく質
F：脂質
C：炭水化物の
　　エネルギー比

C
56.9
（57〜68）

F
29.4（20〜30）

注）（　）内の数字は，適正比率であり，円形はその適正比率を示す。
現在の日本人の三大栄養素の摂取バランスは，理想に近い状態にあるが，このまま進めばバランスがくずれて，アメリカ型に向かう心配があり，逆に欧米では日本型食生活が注目されている。

図V-3　食事のPFC比率
（農林水産省：食料需給表，厚生省：日本人の栄養所要量）

事の洋風化を抑制し，健康によい食物摂取パターンを習慣化することが重要な課題とされている。

2）ライフスタイルと食生活

国民栄養調査によると，20歳代，30歳代，15〜19歳など若年層に朝食を食べない人が増加している[2]。夜更かし，朝寝坊という生活パターン（図Ⅳ-6参照，p.80）が，朝起きた時の食欲をなくし，朝食を食べる時間もとれないという理由と思われる。朝食を食べることによって，体温が上昇するなど，身体は1日の活動の準備状態を整え，活動に必要なエネルギーや栄養素を補給しているのであり，朝食抜きでは学習などの活動の効果があがらないといわれている。また，欠食をすると1日に必要な栄養素の量を十分に摂取することが難しくなり，栄養のアンバランスや健康不良をきたしやすい（図V-4）[3]。規則的な睡眠と1日3回の食事によって生活のリズムをつくることが健康づくりの基本である。

食事を一人で食べる孤食の問題も今日的な課題である[4]。生活時間のズレなどが原因で家族が共に食事をすることが少なくなってきている。孤食の場合は，短時間で簡単なメニューで済ませてしまったり，簡便な外食（ファーストフード）やテイクアウトを利用することが多く，栄養的に偏った食事内容になりが

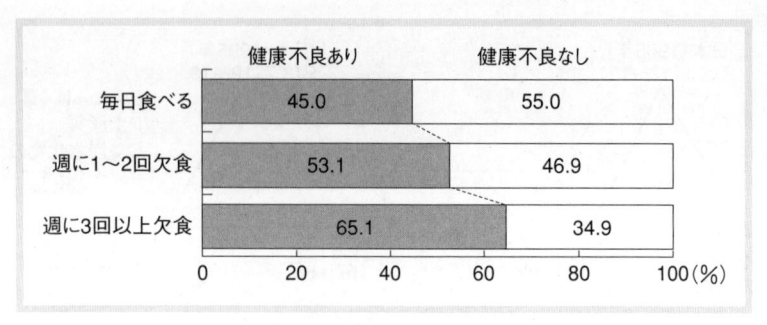

	健康不良あり	健康不良なし
毎日食べる	45.0	55.0
週に1〜2回欠食	53.1	46.9
週に3回以上欠食	65.1	34.9

3〜15歳の子どものふだんの健康状態について朝食の欠食状況別にみたところ、欠食が多い子どもほど疲れやすい、下痢や腹痛、頭痛などの健康不良を訴えるものが多くなっている。

図V-4　欠食（朝食）回数別健康不良の有無
（厚生省：国民栄養の現状，第一出版，1995）

ちである。また、食事のおいしさや心理的な満足感にも大きな影響を及ぼし、食欲不振や過食につながることもある。

3）輸入食品に依存する食生活

日本の食料輸入量は、1960（昭和35）年から1998（平成10）年にかけて6千億円から4兆6千億円へと大幅に増加した[5]。世界人口の2.3％でしかない日本人が世界の食料輸出の約10％を輸入している輸入大国である。食料自給率はカロリーベースで1960年の53％から1998年には40％まで低下しており、他の先進諸国と比較しても低く[6]、日本人の食生活は大きく輸入食品に依存し、輸入食品なくして食生活を維持できない状況になっている。1980年代半ばから始まったガット・ウルグアイラウンド農業交渉による貿易自由化、WTO（世界貿易機構）協定による農作物の国際流通の拡大と規制緩和の中で国際的なハーモナイゼーション（協調）が志向されていることから今後もさらに輸入が増大すると予想されている。したがって、これからも食料安全保障の問題のほか、輸入食品の残留農薬や添加物などの基準や検査体制、飼料として輸入された肉骨粉による狂牛病の発生、遺伝子組み換え食品の表示など、輸入食品の安全・衛生の確保について総合的な対応が緊急に求められている。

4）資源・環境問題と食生活

飽食の時代といわれる今日の食生活は、過食による健康障害が増大するばか

1. 健康な食生活の実践

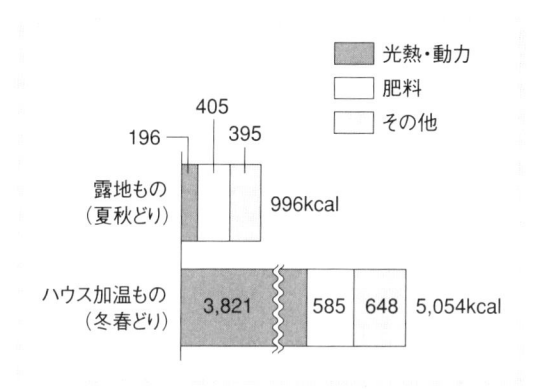

図V-5 きゅうり1kgを生産するのに必要なエネルギー量（平成2年）
（環境庁：環境白書, p.19, 1996）

りでなく，食料資源の浪費，エネルギー消費，環境汚染，生態系破壊など地球環境への負担にもなっている[7]。たとえば，多様で豊富な食材の生産・流通には多大な資源・エネルギーが投入されている。畜産物を生産するためにはその数倍の飼料用穀物・大豆が必要であり，しかも日本ではそのほとんどを輸入にたよっている。野菜・果物のハウス栽培にも多量のエネルギー投入が必要であり（図V-5），またビニールハウスなどの廃棄も環境問題となっている。魚介類の養殖においても同様である。飼料，船舶用燃料，冷蔵用電力，養殖施設に投入されるエネルギーを合計すると，たとえば，ぶり1kgを生産するために36,000 kcalが使われ，ぶり1kgに含有されるエネルギー量（2,500 kcal）の14.4倍になると推定されている。

　また，生産地と消費地の遠隔化や小口・頻繁な配送流通は，輸送に伴う燃料の消費を増大させるばかりでなく，排気ガスによる大気汚染を増大させる一因になっている。家庭や外食店における食べ残し，加工食品や外食産業において消費期限を過ぎたために廃棄される大量の食物は，貴重な食料資源の浪費であり，使い捨て容器の過剰な使用は資源・エネルギーの浪費，ごみの大量増加とごみ処理に伴う環境汚染を増大している。わが国に対する輸出用食料の生産によりその地域の生態系が破壊されていると指摘される例も少なくない。

(2) 食習慣の形成と変容

1) 人間の食行動

私たちは毎日何かを食べているが,なぜ,その食物を食べるのか,あまり意識されていないことが多い。人間の食行動は,まず何を食べるのかの「選択」があり,その食物を「獲得」し,必要であればそれを「加工」「調理」し,その食物は器に盛られ,配膳される。その食物は口に取り込まれ,咀嚼されて嚥下され,消化管によって消化吸収される。

食行動にはさまざまな要因がかかわっている。摂食動機については,ただ単に身体が求めるから食べる(生理的摂食)だけでなく,快感を求め(感覚・感情的摂食),食物と生存・健康・美容などの関係に関する知識・信念に基づき(認知的摂食),あるいは恐怖・不安などを軽減するために(情動的摂食),さらに良好な人間関係を維持するために(社会的摂食)食べているという[8]。食行動は,生理的要因ばかりでなく,食物に対する正の感情(快感),食物・食行動に関する認知(結果の予測・信念),文化的・社会的要因などによって統制されているのである。

2) 食習慣の形成と変容

人間の食行動の個体発達をみると,誕生から離乳期までは母乳またはそれに代わるものを摂取するが,その後成人食への移行は時間をかけて行われる[8]。養育者は,何を食べさせ何を食べさせないかという教育(しつけ)を行い,それを通じて幼児は徐々に食物とは何か,食物にはどのようなものがあるかを学習していく。食習慣は,幼児期にその基礎が形づくられ,児童期にある程度確立すると考えられており,食物嗜好・嫌悪の獲得,食物概念,食物に対する態度の形成などが行われる。その後,家庭,学校,社会などを通じてさらに食行動の学習が行われ,個々の食習慣が確立していく。

青年期は,それまでの家庭を中心とした比較的狭い食環境から徐々に大きな広がりをもつものへと変化する時期である。一人暮らしを始めた人は,食事の材料を自分で買わなければならないし,調理もしなければならない。テイクアウトの食物や外食など選択肢も大きく広がる。何を,誰と,どこで,どのようにして食べるかという問題について,食行動の統制機構をフルに活動させて対

応しなければならないであろう。自分の食生活のどこが問題なのかを考え（課題の把握），どのように改善したいのか（目標の設定），そのためにどんな解決策があるか（解決方法の選択）を考え，実践してみることが大切である。こうして身に付けた食習慣は，その後生涯にわたる食生活の基盤となる。

（3） 健康づくりと食生活

1） 生活習慣病予防と食生活指針

　食物の豊かな時代に嗜好本意の食物選択をしていると，肥満ややせ，貧血，さらには生活習慣病といった不健康を招くことになる。生活習慣病（lifestyle related desease）は，食生活，運動，休養，喫煙，飲酒等の生活習慣がその発症・進行に大きく関与しており，好ましくない生活習慣を改善することによる一次予防が重要であると考えられている（図Ⅴ-6）。

　2000年に公表された食生活指針（表Ⅴ-1）では，国民の健康増進，生活の質の向上と食料の安定確保のために，①適正な栄養，食生活に関する知識，②健康で主体的な食習慣の形成，③地域や各ライフステージに応じた栄養教育，④栄養成分表示の普及をはじめとした食環境の整備が重要であるとされている。

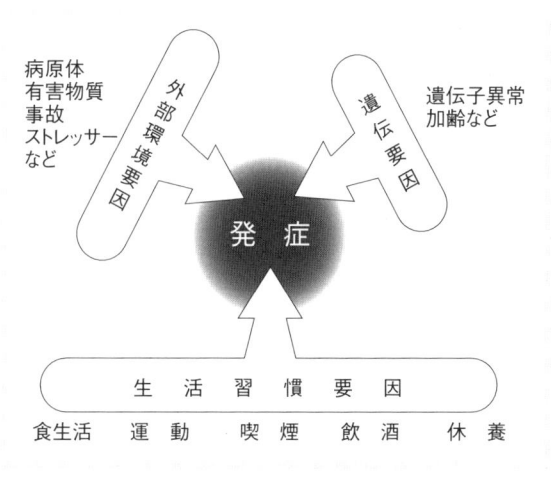

図Ⅴ-6 疾病の発症要因
（2001 生活習慣病のしおり）

表V-1　健康づくりのための食生活指針

食生活指針

（1）**食事を楽しみましょう。**
・心とからだにおいしい食事を，味わって食べましょう。
・毎日の食事で，健康寿命をのばしましょう。
・家族の団らんや人との交流を大切に，また，食事づくりに参加しましょう。

（2）**1日の食事のリズムから，健やかな生活リズムを。**
・朝食で，いきいきした1日を始めましょう。
・夜食や間食はとりすぎないようにしましょう。
・飲酒はほどほどにしましょう。

（3）**主食，主菜，副菜を基本に，食事のバランスを。**
・多様な食品を組み合わせましょう。
・調理方法が偏らないようにしましょう。
・手作りと外食や加工食品・調理食品を上手に組み合わせましょう。

（4）**ごはんなどの穀類をしっかりと。**
・穀類を毎食とって，糖質からのエネルギー摂取を適正に保ちましょう。
・日本の気候・風土に適している米などの穀類を利用しましょう。

（5）**野菜・果物，牛乳・乳製品，豆類，魚なども組み合わせて。**
・たっぷり野菜と毎日の果物で，ビタミン，ミネラル，食物繊維をとりましょう。
・牛乳・乳製品，緑黄色野菜，豆類，小魚などで，カルシウムを十分にとりましょう。

（6）**食塩や脂質は控えめに。**
・塩辛い食品を控えめに，食塩は1日10g未満にしましょう。
・脂肪のとりすぎをやめ，動物，植物，魚由来の脂肪をバランスよくとりましょう。
・栄養成分表示を見て，食品や外食を選ぶ習慣を身につけましょう。

（7）**適正体重を知り，日々の活動に見合った食事量を。**
・太ってきたかなと感じたら，体重を計りましょう。
・普段から意識して身体を動かすようにしましょう。
・美しさは健康から。無理な減量はやめましょう。
・しっかりかんで，ゆっくり食べましょう。

（8）**食文化や地域の産物を活かし，ときには新しい料理も。**
・地域の産物や旬の素材を使うとともに，行事食を取り入れながら，自然の恵みや四季の変化を楽しみましょう。
・食文化を大切にして，日々の食生活に活かしましょう。
・食材に関する知識や料理技術を身につけましょう。
・ときには新しい料理を作ってみましょう。

（9）**調理や保存を上手にして無駄や廃棄を少なく。**
・買いすぎ，作りすぎに注意して，食べ残しのない適量を心がけましょう。
・賞味期限や消費期限を考えて利用しましょう。
・定期的に冷蔵庫の中身や家庭内の食材を点検し，献立を工夫して食べましょう。

（10）**自分の食生活を見直してみましょう。**
・自分の健康目標をつくり，食生活を点検する習慣を持ちましょう。

> ・家族や仲間と，食生活を考えたり，話し合ったりしてみましょう。
> ・学校や家庭での食生活の正しい理解や望ましい習慣を身につけましょう。
> ・子どものころから，食生活を大切にしましょう。

注) 小項目は食生活指針の実践のためのもの
(文部科学省，厚生労働省，農林水産省，2000，平成12年)

　この新しい食生活指針では，まず(1)食事を楽しみましょう　があげられ，心身の健康により食事を味わって食べること，食事を通しての家族の団らんや人との交流の大切さが謳われている。(2)では，朝食をとること，健全な生活リズムをつくることの大切さが述べられ，(3)では，主食(ご飯，パン，麺類など)と主菜・副菜(おかず)を組み合わせる食べ方を基本にして多様な食品・料理をとることが，栄養バランスのよい健康的な食事につながることが示されている。(4)(5)(6)の3項目は栄養バランスのよい食事にするための具体的な留意点であり，(7)ではエネルギーの摂取と消費のバランスをとり適正体重を維持することが大切であるとしている。(8)(9)(10)では，栄養や健康という視点ばかりでなく，食文化や環境問題などについても考えること，さまざまな視点から自分の食生活を点検して，よりよい食生活を総合的に考え，実践することを提案している。

2) 痩身願望と摂食抑制

　男女学生を対象に，現実の体型，理想の体型，異性からみて魅力的と思われる同性の体型について調査したところ，女子学生は男子学生よりも強い痩身願望を示したとの報告がある[8]。現代社会では，肥満していないにもかかわらず「痩せたい」と願い，ダイエットに走る人が少なくない。しかし，無理な食事制限を行うことは栄養不足をきたしやすく，身体の生理的適応によりかえって太りやすい体質になったり，骨粗鬆症*(図V-7)となるおそれもあることが指摘されている。

---

* 骨の量が減少し，骨の微細な構造がこわれて骨折しやすくなる病気で，生活習慣病のひとつ。脚のつけ根を骨折すると寝たきりの原因になる。老化，遺伝的要素，カルシウムの摂取不足，運動不足など多くの要因がからみあって発病する。予防・治療の基本は，カルシウムの摂取と適度な運動である(朝日新聞，2001. 8. 30)。

表V-2　肥満の判定基準
一次スクリーニングとしてのBMIより判定する

BMI	日本肥満学会による判定
18.5未満	やせ
18.5以上25未満	普通
25以上30未満	肥満1度
30以上35未満	肥満2度
35以上40未満	肥満3度
40以上	肥満4度

注）BMI＝体重kg／(身長m)^2
(日本肥満学会, 1999)

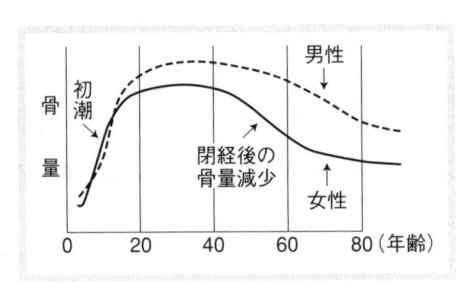

図V-7　年齢と骨量の変化
(朝日新聞, 2001, 8, 30)

　また，過度の食事制限がきっかけとなって拒食症や過食症などの摂食障害に至る危険性もある。肥満を予防するには積極的に運動をして消費エネルギーを増すことが効果的である。身体をよく動かすことにより体脂肪がつきにくい体質になるとともに，無理な食事制限をしないで体重を維持することができ，骨密度を高めることもできる。空腹でイライラすることもなくなり，はつらつと毎日を過ごすことができる。

3）ひとり暮らしの食事

　食事の献立を考えたり，外食や持ち帰り弁当などを選ぶ時，食事の栄養バランスをチェックするには「6つの基礎食品群」の各グループの食品がそろっているかどうかを考えるとよい。主食（ご飯やパン），主菜（肉や魚のおかず），副菜1～2品（野菜，いも，海草などを含むおかず），汁物（野菜，いも，海草など）

の組み合わせに，牛乳・乳製品を付け加えると，6つの食品群をそろえやすい。コンビニの弁当では，おにぎりや寿司，サンドイッチは，ほとんど主食だけと考え，おかずを付け加える。市販の弁当では副菜にあたる野菜の量が不足しやすいので，ほうれんそう，かぼちゃ，にんじん等，緑黄色野菜の入った惣菜を加え，さらに乳製品のデザートをプラスすれば栄養のバランスをとることができる。ただし，揚げ物のおかずが入っている場合は，脂質の過剰摂取になるので，後の食事で揚げ物や炒め物の料理をとらないように気を付ける。栄養摂取量の過不足を詳しくチェックするにはパソコン用ソフトを利用するとよい[9]。

4) 食品情報の活用

食の多様化，外部化が進む中で，新しい加工食品が次々と市場に出回るようになっている。おいしくて，健康によくて，値段も妥当な食事をとるには，食品の情報—表示—を正しく理解して，上手に選ぶことが大切である。

加工食品にはいろいろな情報が表示されている。JAS法（農林物資の規格化及び品質表示の適正化に関する法律）では，原則として次の事項を一括表示することになっている。①品名（商品名ではない），②原材料名（食品添加物を含む，使用量の多いものから順に記載），③内容量，④賞味期限，⑤保存上の注意，⑥

表V-3 食品の日付表示

対象となる内容	対象食品例	表示の名称〔表示方法〕
品質が急速に変化しやすく，製造後すみやかに消費しなければならない	べんとう類，調理パン，そうざい，生めん類，食肉，かき（貝），生菓子	消費期限 〔年　月　日〕
品質が保たれるのが数日から3か月以内の食品	牛乳・乳製品，ハム，ソーセージ，ベーコン，魚肉練り製品（かまぼこ），魚肉ハム・ソーセージ，清涼飲料水	賞味期限 （または品質保持期限） 〔年　月　日〕
品質が保たれるのが3か月を超える食品	即席めん，レトルトパウチ食品，ジャム，しょうゆ，缶詰，冷凍食品	賞味期限 （または品質保持期限） 〔年　月　日〕
品質が保たれるのが数年以上の食品	砂糖，食塩，酒類	不要

注）「消費期限」とは使用できる期限，「賞味期限」（または品質保持期限）とは，製造業者が「おいしく食べられる」と保証する期限（表示された保存方法で保存した場合）のことである。(1995年4月1日改正)

使用上の注意,⑦原産国名(輸入品の場合),⑧製造業者または販売業者の氏名または名称および住所。

また,栄養成分表示制度により,エネルギーや栄養成分(たんぱく質,脂質,糖質,ナトリウム)の含有量を表示することが義務づけられている。低脂肪,ノンカロリーなどの強調表示をする場合には,その含有量が一定の基準を満たすことも義務づけられている。このほか,「有機農産物」「オーガニック」といった表示の検査・認証制度や遺伝子組み換え食品の表示,業界団体が自主的に作成している表示などがある。

(4) 健康で豊かな食生活を創るために

本節では,食生活のベーシックスキルとして,心身の健康と食生活の課題を中心に取り上げた。食生活は個々人の嗜好,ライフスタイルや生活の価値観を基に,どのような食物を選択し,誰と,どのように食べるかという不断の意思決定によって営まれる。適切な選択を行って豊かな食生活を営むには,栄養,食品の品質や安全性についての正確な知識をもつことのほかに,日常の食事を調理できる能力も必要である。また,今日の社会システムでは個人を取り巻く食環境が食行動に大きな影響を及ぼしており,よりよい食生活を営むには食環境を含めて総合的に考え,行動することが必要になってきている。食品の選択に欠かせない表示について,必要な情報がわかりやすくうそ偽りなく表示されるよう厳しい罰則を求めていくことも大切である。

私たちの現在の「豊かな食生活」は,大量生産,大量消費,大量廃棄型社会で資源・エネルギーを多く消費する暮らし方であり,その結果,地球環境を汚染し,環境破壊が進み,加えて世界的な食料不足が懸念される時代になっている。これからは使い捨ての経済構造から持続可能な社会経済構造へと,生産のあり方,消費のあり方,豊かさの価値の見直しが求められており,食の問題についてもグローバルに考え,新たな食文化を創造していくことが求められよう。

2. 豊かな衣生活の実践

現在, われわれが着用している衣服は, ほとんどのものが工場で生産され, いくつかの流通業者の手を経て購入される。店頭には多種多様の衣服が並び, 消費者は他の生活物資と同様に, お金さえ出せば大抵のものを手に入れることができる。このように量的には充足されている被服であるが, 衣料障害や取扱い上のトラブル, 自然環境への負荷等, まだまだ改善の余地が残されている。

(1) 衣生活の変化

1) 洋服の導入から既製服時代へ

日本人が洋服を目にしたのは南蛮船が来航するようになった安土桃山時代 (16世紀) のことである。しかし, 一般の人々が洋服を着用するのは明治時代になってからのことであり, いわゆる「文明開化」以降である。当初, 一部の貴族やブルジョアの男子服に導入され, 後に女性にも受け入れられていくが, 日常の衣服は大正・昭和 (戦前) になっても依然和服が多かった。当時, 和服の仕立ては家庭内で行われていたため, 洋服の仕立ても家庭でする仕事として難なく受け入れられていった。

戦後は, 科学技術の進歩によって, 新しい合成繊維や加工技術が開発され, 高度経済成長期と相まって既製服産業が振興し, 充実していった。現在, われわれの衣服はほとんど既製服でまかなわれている。

既製服の品質が向上したのはここ20～30年のことであり, それまでは, 「吊し」や「数もの」とよばれ, 品質上, 1点ものには及ばない時代があった。しかし, いまやアパレルメーカーは海外にも生産拠点をもち, 激しい経済競争のなかを生きる巨大産業となり, 質量ともに充実を図り, 家庭で製作することは急速に減少していった。

2) 衣料の生産と消費

現在, 世界の原料繊維生産高は4,735万トン (1999, 平成11年) にのぼり, 年々増加し続けている。日本人の1人当たり年間衣料繊維消費量は15.7 kgであり (1998, 平成10年), 消費量の多さは世界各国中でトップクラスにある。

表V-4 各種材料の熱伝導率 (kcal/m²·hr·℃)

材料	熱伝導率	比較値	材料	熱伝導率	比較値
空気	0.057	1	セルロース	0.53	9.3
水	1.43	25	絹	0.37	6.5
木材	0.4	7	綿布	0.19	3.3
牛革	0.42	7.4	麻布	0.15	2.6
ゴム	0.33	5.8	人絹布	0.16	2.8
ガラス	1.63	28.6	絹布	0.11	1.9
銅	924	16200	毛布	0.1	1.7

(小川安朗：体型被服学, 光生館, p.117, 1971, 安喰功他：消費科学からみた被服材料学, 三共出版, p.92, 1999, 米田幸雄：衣服衛生学, 化学同人, p.63, 1983 他のデータをもとに作製)

被服費でみると，消費支出に占める割合は2000（平成12）年度で5.1％であり，1991（平成3）年の7.8％から比べると年々減少傾向にあるが，金額にして1世帯（平均3.2人）当たり平均して年間19万4千円にものぼる。被服は流行の影響や巧妙な販売方法などによって必要以上のものを購入してしまうことも多く，計画的な購入が大切である。

（2） 快適に着るための科学

1） 着用の目的

衣服を着る目的は，人体の自然環境に対する適応のためと，人間の社会環境に対する適応のための2点に集約することができる。前者は生存のために不可欠な要素であり，とくに気象条件の厳しい地域では人体保護のために重視される。後者は，人間の容姿づくりが人類史の始まりとともに存在したと考えられているように[10]，人間にとって社会生活上重要な役割をもつ。したがって，両者の必要性を正しく理解し，快適な衣生活を営むことが肝要である。

2） 保健衛生的な着方

a. 温かく着るには 裸体安静時の人間が暑くもなく寒くもない心地よい状態でいられるのは，作用温度*で約25〜29度のごく狭い範囲である[11]。こ

＊ 作用温度：気温, 気流, 放射熱を考慮した温度指標。気流がわずかな室内では気温と周壁温の平均値で表す。

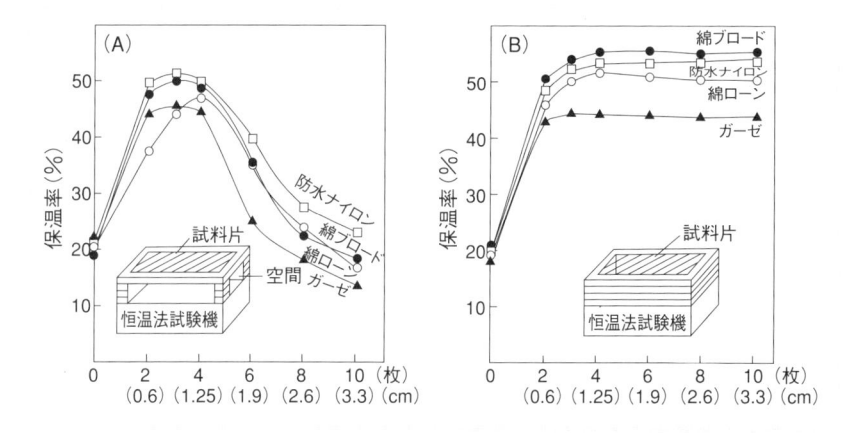

図Ⅴ-8 被服下空気層と保温率
(田村照子：基礎被服衛生学，文化出版局，p.118, 2000)

の気温範囲を下回ると何らかの衣服を必要とし，体温を一定に保たなければならない人体にとって，衣服はとても重要なものとなる。

われわれは寒い冬には起毛性のあるフリースや毛糸のセーターなどを着用し，それらが温かいことを経験的に知っている。それは，保温性を左右する要因として，空気の果たす役割が大きいことによる。空気は熱伝導率が低いために熱を伝えにくく，一旦暖まった空気は冷めにくい（表Ⅴ-4）。したがって，保温性を高めるにはいかに効率よく多くの空気を取り込み，かつ暖められた空気を逃がさないかが重要となり，具体的な着方のポイントは次の4つである。

① **含気性のある素材を着る**：衣服素材は繊維や糸の間に空気を含むことができ，その程度を含気率で表すことができる。含気率は被服材料の一定体積中に占める空気の体積率で示され，次式によって求めることができる。

含気率(％)＝(繊維の比重－材料の見かけの比重)／繊維の比重×100

見かけの比重は材料の平面重(g/cm^2)をその厚さ(cm)で割った値であり，同一材料のうち見かけの比重が小さい（軽い）ほど含気率が大きくなる。ただし，直通気孔の大きい材料はたとえ含気率が高くても通気性も高くなるので保温性はあまり期待できない。とくに，有風時には注意を要する。

② **空気層を形成する**：熱伝導率の小さい空気を取り込む方法として，重ね

着による空気層の形成がある。たとえ含気率が小さい被服材料であっても，重ね着をして数枚の衣服間に空気層を形成することにより保温性を高めることができる。図V-8より，空気層の増加に伴い保温性が高くなり，空気層が1cm前後の時に最も保温性が高くなることがわかる。しかし，それ以上空気層が増加すると，周囲を開放している場合は保温性が低下する。これは空気層が大きくなると空気の対流が起こるためと考えられる[12]。

③ **開口部を小さくする**：図V-8Bは，開口部のない実験装置による結果であり，空気層が増加し続けても保温性が低下することはない。これは，開口部が閉じられていると空気層が厚くなっても対流が起こりにくく保温性が保持されやすいことを示している。冬にハイネックのセーターを着たり，首にマフラーやスカーフを巻くことは，理にかなった着装ということができる。

④ **最外衣に通気性の低い素材を着る**：①で記したように含気性が高くても直通気孔が多い場合は通気性が高くなり保温効果が低くなる。とくに，戸外での有風時は，空気の透過を防ぐためにウインドヤッケなどの薄くても織り密度の高い素材を最外衣に着用するのがよい。

b. 涼しく着るには 外気が高温になると，人体は汗をかき，体温の上昇を抑える働きをする。しかし，皮膚表面が汗でぬれた状態は不快かつ不衛生であり，衣服素材には次の2点が求められる。

① **通気性**：われわれの体は絶えず皮膚から不感蒸泄があり，被服最内層の温湿度が上昇し，炭酸ガスなどの老廃物が蓄積しやすい。夏期は特に汗の量が多く，湿度60％以上になると蒸し暑く不快感を催すようになり，湿気の排出が不可欠となる。一般に織密度が粗いほど，また，地が薄いほど通気性がよい。また，気孔が直通であるほど通気性が増す。

② **吸湿性・吸水性**：人体から発する多量の水蒸気は，肌着などで吸湿・吸水し，外部に放散させる必要がある。

なお，吸湿とは繊維の中に水分が吸収されることをいい，吸水とは繊維相互間の隙間や織目などに吸収されることをいう。天然繊維や再生繊維は吸湿性が高いが合成繊維は低い。しかし，近年，吸水性のある合成繊維が出現し，スポーツウエアなどに多く取り入れられている。これらの合成繊維は新素材や新合繊とよばれ，繊維の表面に多数のスリットを入れたもの（分離型極細繊維），表

面にミクロな孔を無数に入れたもの（多孔性繊維），L字型などの断面をもつ極細繊維（異型断面繊維）などがある。

3）社会生活上の着方

われわれはさまざまな社会環境で生活しており，とくに学校や職場は日常的に多くの人とかかわりをもつ場である。また，冠婚葬祭等特別な儀式に参加することもある。このような多くの人とかかわる場では，衣服は単に身体を守るためだけのものではなく，集団での役割や職業の表出，個性表現，場の雰囲気を盛り立てる，その他社会生活を円滑に送る手段ともなりうるものである。とくに初めて出会う人の印象は着るものによって少なからず情報をもたらし，非言語伝達（non-verbal communication）手段のひとつともいえる。演劇や映画での俳優の衣裳が人物像を表す重要な働きをしていることを見ても明らかである。わが国の現代社会では，何を着用するのも自由ではあるが，服装は着る人の情報を発信することも理解し，上手に選び，着装していきたいものである。

（3）環境に配慮した衣生活の計画・管理スキル

1）環境と衣服

被服製品は質・量ともに年々充実し，求める被服が入手できないということはほとんどない便利な衣生活ができるようになったが，これらの衣服生産には大量のエネルギーが投入され，環境への配慮の視点からも見直す必要に迫られている。しかし，手軽さゆえに衝動買いをすることも多く，十分に活用することなく廃棄されたり死蔵品と化していることも少なくない。これらの現状を見すえ，計画的な衣生活を営むことが大切である。

a. 1枚のシャツの威力　被服は，人体に最も近く存在し，快適であるための環境を形成している。その環境（衣服内気候）は微小ゆえに調整が簡単であり，人体とともに移動が可能である。しかし，人々の関心は衣服環境以上に住環境に集まり，大量のエネルギーを使って家全体の温湿度をコントロールし，快適性を追求してきている。大量のエネルギー消費は，環境破壊の問題を一層深刻にし，われわれの生活のあらゆる場面で生活スタイルを再検討しなければならなくなってきた。

暖房に必要な化石燃料等の燃焼は地球温暖化の原因となる CO_2 を大量に排

出している。そして，日本の全家庭の暖房温度を1度下げると約43万世帯の年間エネルギー消費量を節約できると試算されている[16]。

暖房温度を1度下げ，これを1枚の長袖シャツで補うとすると，シャツ生産にかかるエネルギーを換算しても，エネルギー消費は1／78に抑えられる[17]。当然，CO_2の排出量も削減でき，わずか1枚のシャツを着用するだけで大幅なエネルギー削減につながるのである。

b. 繊維の生産エネルギーと廃棄物　衣服の原料である繊維のうち，植物繊維は大地で育てられた綿や麻の植物から直接繊維を取り出し，動物繊維である羊毛や絹は，牧草や桑の葉などの植物を間接的に必要とする。どちらも広大な大地があって可能となる繊維であるが，植物の生長には太陽エネルギーを利用しており，持続性あるクリーンなエネルギーといえる。

一方，世界の原料繊維の生産量の52％を占める合成繊維は石油を原料とし，巨大なコンビナートで化学反応工程を経て製造され，化石燃料や核燃料による電力を必要とし，天然繊維（綿花，羊毛，生糸）と合成繊維（ポリエステル繊維，ナイロン繊維）の投入エネルギー比を計算すると1対4になる[18]。

製造過程での廃棄物については，天然繊維は植物の育成の段階で化学肥料や農薬による汚染問題がある。化学肥料を多用すると有機物の少ないやせた土壌になり，土壌流失を招いたり，河川，湖沼，海の富栄養化の一因にもなる。農薬もまた，耐性をもつ新たな病害虫との戦いを繰り返している。

合成繊維の場合は，化石燃料の燃焼によって二酸化炭素や窒素酸化物を大気中に放出し，地球温暖化，酸性雨など地球規模の深刻な環境問題を招いている。

使用後，天然繊維を埋め立てた場合は，土中のバクテリアによって分解され自然界に必要な有機物となって土に還っていくが，合成繊維はバクテリアによって分解されず，埋め立てた場合は半永久的に残り続ける。したがって，焼却されることが多く，ここでも大量燃料を投与し，大気汚染の問題が生じている。

このように，エネルギーや環境への負荷という点で比較すると天然繊維のほうが望ましいことになるが，合成繊維の開発は衣料のみならず，さまざまな生活用品にも大きく貢献しており，どちらがよいかは簡単にいうことはできない。

したがって，われわれの衣服は環境問題とは無縁ではないことを認識して，一人ひとりが計画的な購入をし，再利用を考慮した有効な処分を心がけること

2. 豊かな衣生活の実践

が求められる。

2) 計画的な購入

衣生活を計画的に営むためには，所持被服の現状把握と計画的な購入が大切である。まず，現在の所持被服を用途別に分け，それぞれ季節毎の枚数を確認するとよい。

　家庭着……日常着，作業着，休養着，寝巻など
　外出着……通学着（または仕事着），レジャー用，スポーツ用，セレモニー用，
　　　　　　防寒着など

中衣と外衣の平均衣服所持枚数は大学生92.8枚，父97.9枚，母138枚との調査報告がある[19]。これに下着が加わり，家族の人数分を合計すると膨大な数になり，無計画な購入は，不必要な出費とともに収納スペースの無駄でもあり，衣服の購入計画が重要であることがわかる。上記に分類したものをノートやカードに記録しておくと管理しやすい（図V-9）。

〈日常着〉

	品名	ジーンズ	Tシャツ	セーター	
購入	年　月　日				
	店　　　名				
	価　　　格				
特徴	素　　　材				
	色				
	柄				
利用	使用予定年				
	組　合　せ				
	着用予定場所				
処分	年　月　日				
	理　　　由				
	処分方法				
その他					

図V-9　被服管理ノート（例）

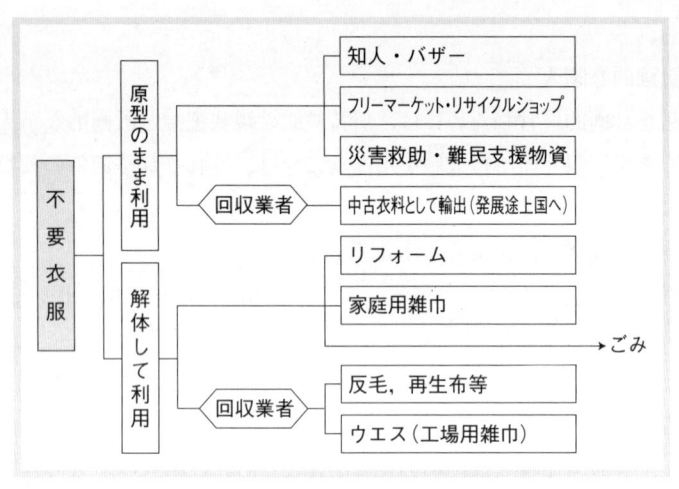

```
                    ┌─────────────────────┐
                    │ 知人・バザー           │
                    ├─────────────────────┤
       ┌─原型のまま利用─┤ フリーマーケット・リサイクルショップ │
       │            │                     │
       │    ┌回収業者├─────────────────────┤
       │            │ 災害救助・難民支援物資  │
不要衣服 ┤            ├─────────────────────┤
       │            │ 中古衣料として輸出(発展途上国へ) │
       │            └─────────────────────┘
       │            ┌─────────────────────┐
       │            │ リフォーム            │
       │            ├─────────────────────┤
       └─解体して利用─┤ 家庭用雑巾           │ → ごみ
                    ├─────────────────────┤
            回収業者 │ 反毛, 再生布等        │
                    ├─────────────────────┤
                    │ ウエス(工場用雑巾)     │
                    └─────────────────────┘
```

図V-10　不要衣服の再利用方法

3）環境を考えた管理

　気に入って購入しても，その後，必ずしも有効活用されず，死蔵（退蔵ともいう）されているものが少なくない。死蔵衣料は処分決定がなされないままとりあえず収納されていることが多く，着用されない点から考えると不要品と言わざるをえない。衣服の長期保存はカビの発生や虫害の被害にも遭いやすく，防湿や防虫に配慮した保存方法が必要であり，品質を保持し続けるのは困難なことである。衣服の再利用方法にはいくつかあるので，不要になったものはいずれかの再利用を考え，有効活用することを心がけたい（図V-10）。

（4）リフォームによる豊かな衣生活

　図V-10のように不要になった衣服の活用方法はさまざまあるが，想い出のある衣服や愛着のある衣服などは着なくなったからといって手放すには忍びないことがある。中学校や高等学校までに学習した基礎的な技能を用いて簡単なリフォームをし，不要であった衣服に再び命を吹き込みたいものである。

　豊かな衣生活とは，高価な衣服を何枚ももつことではない。環境に配慮する考えをもち，愛着のもてる衣服を最後まで十分に活用してこそ賢明な消費者といえる。現代生活は便利になりすぎ，小袋や雑巾に至るまで販売されるように

なってしまった。学校で学んだ基礎的な技能があれば，袋類などは簡単に製作できる。手作り品は，プレゼントしてもされても心が通うものであり，人と人との絆はこのような些細なことから生まれるものである。

1) 生活上必要な基礎的技能

小・中学校の家庭科で学んだ縫製の基礎的な技能のうち①〜③は日常着の幅やたけ出し・縮小，ほころび直しに便利であり，小物づくりやリフォームにも役立つものである。

① 「2枚の布を縫合する縫い方」として，手縫いでの並縫い，半返し縫い，本返し縫い，ミシンでの本縫いなどがある。
② 「縫い代の始末」として，裁ち目かがり，端ミシン，ロックミシンまたはジグザグミシンなどがある。
③ 「布端の始末」として，三つ折り縫い（端ミシンや並縫いを併用），まつり縫い，千鳥がけなどがある。

2) リフォームの具体例

リフォームの方法には2通りある。1つは，できるだけ元の形を生かし部分的に修正する方法である。体形が変わってそのままでは着られなくなったり，ワイシャツのえりやカフスだけが傷んだものなどは少し手を加えるだけで活用できる。もう1つは解体して，きずやシミ部分を除いたきれいな部分のみを用い，全く別の物に仕立て直す方法である。簡単なリフォーム例を紹介する。

a. 元の形を生かす場合 えりやカフスが傷んだ男物のワイシャツは，えりとカフスをはずし，えりぐりはバイヤステープでくるみ，袖口はゴムを通して，子どものスモックにすることができる。身幅や袖幅が広すぎるときは，脇と袖下縫い目を続けて縫うことができ，調節は簡単である。小さい子どものスモックはもちろんのこと，小学生の給食着や習字用スモックにも便利である。

薄手ズボンのすそやワイシャツの袖を利用してアームカバーを作ることができる。水仕事やガーデニングなどに重宝である。

b. 別のものに仕立てる場合 配色の良い布を何枚か接ぎ合わせ，小さいものはコースターやランチョンマット，大きいものは薄手座布団，こたつカバー，ちゃんちゃんこなどを作ることができる。

布は，用途に応じて綿からウールまでほとんどの素材を利用できる。コース

ターには，中に古タオルを1枚入れ，薄手座布団などは中綿の変わりに古毛布や古トレーナーを入れるとよい。

このほか，傘の布からエコバッグを作ったり，少々しみや褪色がある布でも裂いてひも状にし，布ぞうりや裂き織りにしたり，三つ編みなどにして円座や足ふきマットなどにすることができるので工夫してみよう。

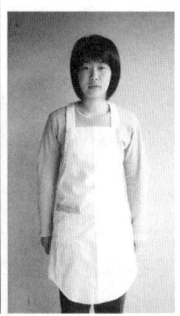

ワイシャツのリフォーム
（エプロン）

端布の利用
（ちゃんちゃんこ）

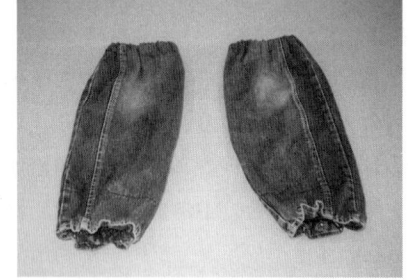

（アームカバー）

ジーンズのリフォーム
（ちゃんちゃんこ）

図V-11　リフォームの例

3. 快適な住生活の実践

　住まいや住生活のあり方は家族のライフステージによって異なり，また時代とともに移り変わっていく。単身居住と三世代居住，都心居住と郊外居住，共同住宅居住と一戸建て居住，持家と借家など多様な住まいや住まい方がある。今後は家族の住要求にあわせて住まいを選択できる社会的システムを構築していかなければならない*。また良質な住宅ストックや豊かで潤いのある住環境を形成していくために住まい方を工夫したり，住空間の改善やまちづくりに住み手が積極的にかかわっていくことも大切である。その意味で住まいは家族の生き方の表現であり，さまざまな実践を通して自己を実現したり，家族にとって理想の住生活像を具体化していく創造的なプロセスということもできる。

　私たちは，ライフサイクルの変化にあわせて，住まいに何を求め，どのような暮らしを実現していくのか，絶えず問い続けていくことになる。一般に20代は家族から独立し，一人暮らしを始めたり，結婚して夫婦生活をスタートする時期である。家族と離れ，新しい環境のなかで自立した生活を営むことになる。まちには年齢，職業，立場や考え方の異なる住民が住んでおり，他者と協調しながらよりよいまちづくりについて考えていくことが必要な場面も出てくる。したがって20代の住生活スタイルを自分なりに創造し，地域のなかでだれもが快適に住み続けられるように住生活に関する情報を適切に選択したり，家庭・地域での生活体験や実践を交流していくことが重要となる。

　21世紀になって日本社会は少子高齢化が進み，住生活をとりまく環境も複雑になってきている。近年，地震・火災による建物の被害（資料3, p.144参照）や欠陥住宅問題，高齢者の家庭内事故，シックハウス症候群など消費者の安心・安全を脅かす住まいの問題が発生し，国民生活センターや自治体の住宅相談窓口への問い合わせも増えている（図V-12）。一方，地球環境保全の観点から，住まいにおいても自然・未利用エネルギーの有効活用や環境に負荷をかけ

＊　国土交通省住宅局：住宅宅地審議会答申「21世紀の豊かな生活を支える住宅・宅地政策について」, 2000

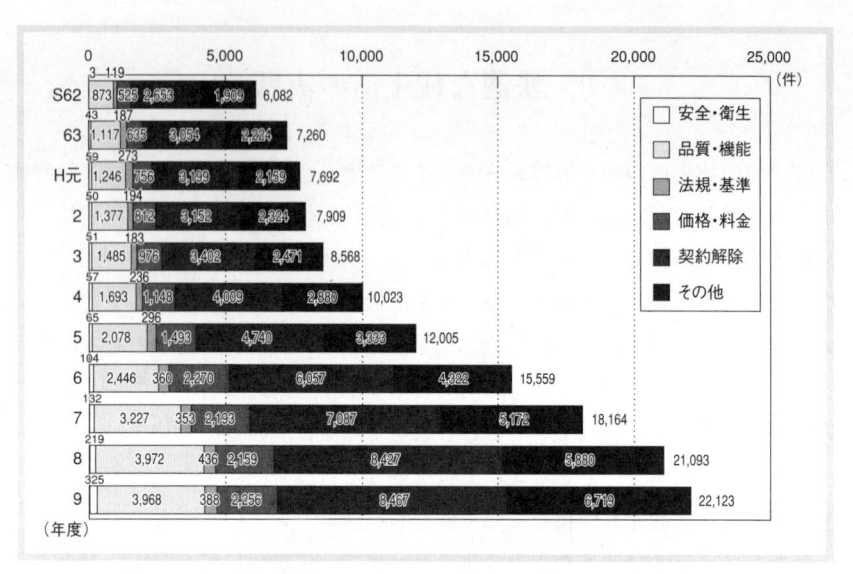

図V-12 住まいに関する相談件数（戸建て住宅の工事等に関する内容個別）の推移 [20]
（消費生活年報，国民生活センター）

ないライフスタイルへの転換が急務となっている。こうした状況のなかで今後は快適な住生活を実現し，環境に配慮した持続可能な社会を創造していくために，消費者として住まいに関する幅広い知識や情報判断力を身につけ，「何をしなければならないのか」「自分は何ができるのか」を考え，行動していくことが重要である。

（1）住み手が創る快適な住生活と住環境

いうまでもなく住まいは生活や福祉の基盤であり，家族にとって最も心のやすらぐ空間である。どんな時代を迎えようとも私たちは快適で文化的な住生活を営む権利がある。この快適な住生活や住環境は，与えられるものではなく，住み手自らが生活を見つめ直し，問題点を発見し，その改善に向けて主体的に取り組んでいくことによってのみ獲得することができる。市民一人ひとりが「もっと快適な生活がしたい」という意志や目標をもち，それを行動（action）に移して行かなければ状況は何も変わらない。たとえば，住居の内部に目を向けてみると，家族構成やライフスタイルの変化，職住関係，生活の優先順位

3. 快適な住生活の実践

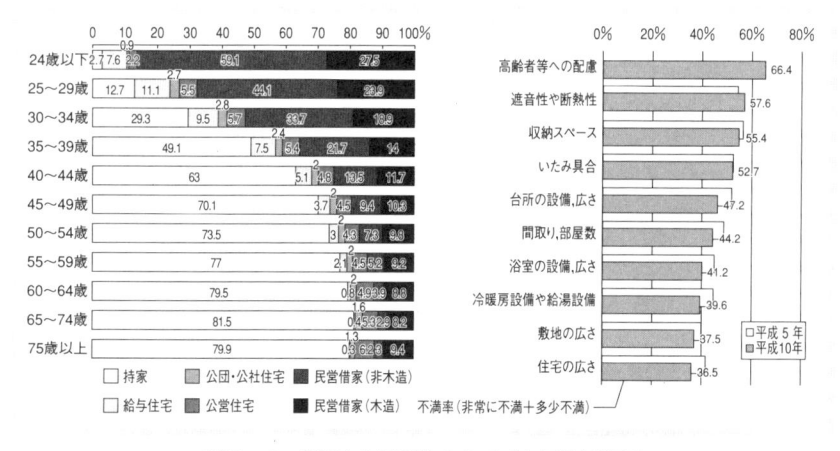

図V-13 世帯主年齢別住宅タイプと居住性評価
(左：平成10年住宅・土地統計調査, 全国, 右：平成10年住宅需要実態調査, 全国)

（プライオリティ, priority）などによって，住宅の広さや設備，立地，利便性など住環境の質に関するニーズは絶えず変化する。住み始めた頃は問題がなくても，時間の経過とともに住空間と住生活の間にミスマッチが生じ，さまざまな不満があらわれてくる（図V-13）。したがって個人・家族の住要求やライフスタイルの変化にあわせた住まい方の工夫や，住宅選択，維持管理能力が住み手に求められている。

一方，住まいは土地に固着し，必然的に一定の住環境を形づくる。この点が他の耐久消費財と大きく異なる点である。住宅の広さや設備が十分であっても，敷地や道路条件，日照・通風，学校・病院・公園・子どもの遊び場などの生活利便施設が整っていなければ住環境として満足とはいえない。住宅とそのまわりの環境をトータルにとらえ，住まいを選択することが大切である。また，まちや地域を構成する市民の一人として，住まいから地域・まち全体にも目を向け，快適な住環境の形成や魅力あるまちづくりに取り組むことも重要である。

（2） 多様なライフスタイルと住まい方

人にはそれぞれ性格や個性があるように，住まい方にも家族や個人によって多様性がある。これからは個人・家族による多様な住まい方を認め合っていく

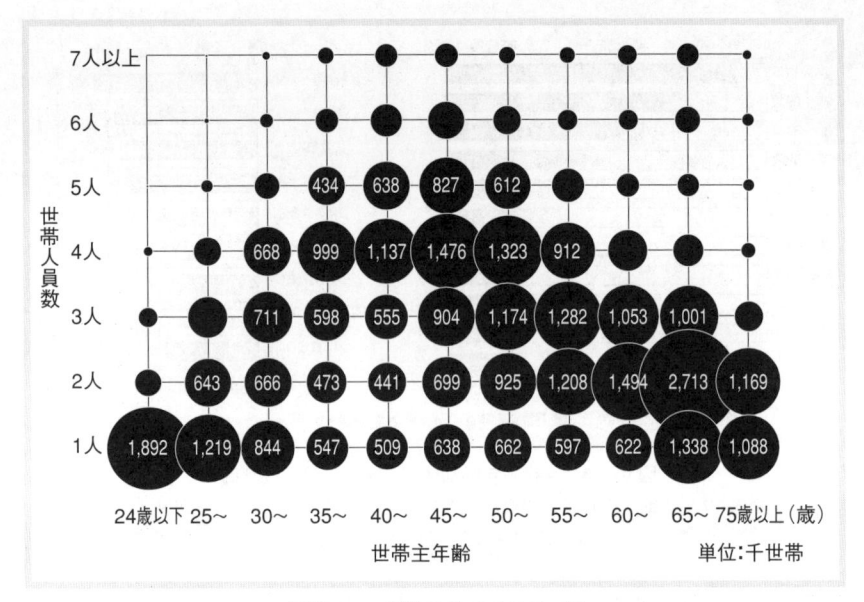

V章　食・衣・住生活のベーシックスキル

世帯人員数 \ 世帯主年齢	24歳以下	25~	30~	35~	40~	45~	50~	55~	60~	65~	75歳以上
7人以上											
6人											
5人				434	638	827	612				
4人			668	999	1,137	1,476	1,323	912			
3人			711	598	555	904	1,174	1,282	1,053	1,001	
2人		643	666	473	441	699	925	1,208	1,494	2,713	1,169
1人	1,892	1,219	844	547	509	638	662	597	622	1,338	1,088

単位：千世帯

図V-14　家族のライフステージ
（平成10年住宅・土地統計調査，全国）

時代である。戦後から高度経済成長期にかけて住宅が不足し，社会全体の生活水準が低かった時代には自らの要求によって住まいを選択することは困難だった。しかし，住宅が戸数の上では充足した現在，自分らしい生き方の表現として住まいや住まい方を選択することも可能である。近年では，住宅を取得したい家族が集まって土地取得から住宅建設までを共同で行うコーポラティブ住宅（Co-operative Housing），個人の自由で自立した生活を前提としながら，日常生活や空間・設備（台所や食事室など）の一部を共同化し，血縁にはとらわれない新しい集住のかたちをめざしたコレクティブ住宅（Collective Housing）など，多様な住生活スタイルが登場している。

　高度経済成長期以降，わが国では家族規模の縮小や核家族化が進んできた。今後は社会全体として少子高齢化が進むなかで，高齢単身や高齢夫婦といった高齢者のみ世帯の急増が予測されている（図V-14）。このため，高齢者向けバリアフリー住宅に加えて生活指導や緊急時の連絡などを行う生活援助員（ライフサポートアドバイザー）を配置したシルバーハウジングの建設や，「高齢者の

居住の安定確保に関する法律」(平成13年4月6日公布)に伴う高齢者向け優良賃貸住宅の供給，高齢者が円滑に入居し安心して生活できる賃貸住宅市場の整備などが進められている。社会や経済構造の急激な変化，価値観の多様化とともに，「だれと」「どこに」「どのように」住まうのかが一人ひとりに問われている。今後は，高齢者になっても安心して住み続けられる住まい（バリアフリーなど）の確保や子育て世帯・共働き世帯への支援サービスの充実，環境共生型の住まいづくりなど，社会やニーズ変化に対応した総合的な居住環境の整備が重要な課題といえる。

(3) 住まいの選択と住情報

住まい選びで重要なのは情報を判断する「確かな目」(media literacy)である。家庭や地域での生活体験の積み重ねや住まいに関する豊かな知識が，情報を判断する目を養っていく。どのような住まい方をしたいのかという住生活のイメージをはっきりと描くことも大切である。なぜなら，食生活や衣生活に比べると住まいは，「住みごこちが悪いから」「好みにあわないから」といって簡単に交換することができないからである。

住宅情報誌や新聞の住宅広告には家賃や立地，間取りなどの最低限の住情報

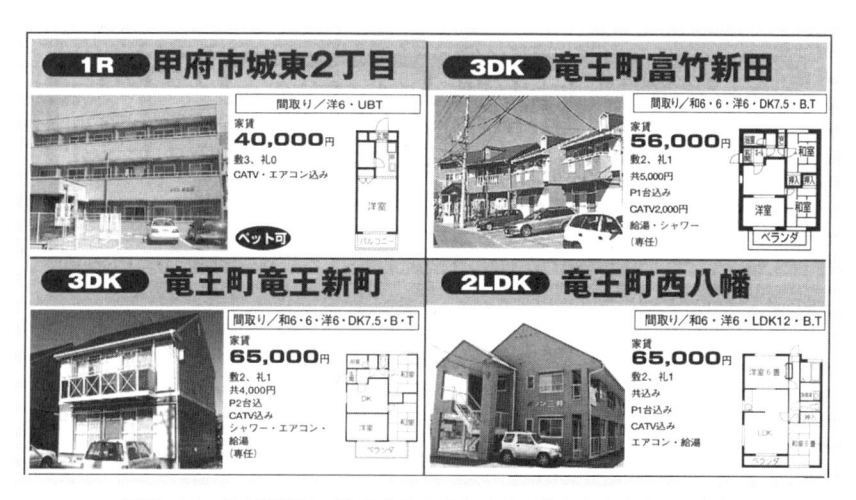

図V-15　住宅情報誌（住宅広告からわかることとわからないこと）

しか載っていない（図V-15）。日照や通風などの室内環境条件，遮音性・断熱性，収納スペース，建物の老朽度・安全性，土地柄，地域コミュニティなど実際の暮らしに必要な情報は欠落していることが多い。このなかでたとえば自宅まわりの建て込み状況や利便性といった住環境は，自治体が策定する都市計画の「用途地域」指定状況をみればおおよその判断は可能である。ただ夏の暑さや冬場の結露といった居住性能など，1年を通して生活してみないとわからないことも多い。

　正しい住宅選択や快適な住生活のためには，メディアによる住情報を活用するとともに，家族や友人・知人の体験談にも耳を傾けたい。また，自治体の住情報交流拠点（たとえば「大阪市立住まい情報センター」など）や住宅相談窓口では総合的な住情報を入手したり，専門家のアドバイスを受けることも可能である。インターネットによる住情報も活用したい（たとえば「住まいの情報発信局」http://www.sumai-info.jp/など）。また，新築や住みかえ時に消費者が住宅の性能を比較・判断しやすいように，「住宅の品質確保の促進等に関する法律」[*1]に基づいて住宅性能表示制度が創設されるなど，適切な住宅選択を支援する体制が整いつつある。

（4）快適な住生活のための条件—1人暮らしの場合—

　住まい選びの実際について，学生の一人暮らしの場合を考えてみよう。大学生の住まいとして多いのは民間賃貸アパート（賃貸マンションを含む）である。かつては大学寮や下宿で共同生活をすることも多かったが，最近はワンルーム形式の賃貸アパートに一人で暮らす場合が多い。食事や睡眠，勉強，趣味，友達との交流など自室内で展開される生活行為は家族と一緒に生活する場合に比べれば少ないが，空間を上手に使い，合理的な住生活を営まなければならないことには変わりがない。

　大学生を対象に実施したアンケート調査[*2]の結果から，現在のアパートを

[*1] 質の高い住まいづくりを進めるために2000年4月に施行された法律。住宅の瑕疵担保責任期間を10年に義務づけたり，多種多様な工法・住宅の性能を共通のものさしで比較できるように「住宅性能表示制度」などを盛り込んでいる。
[*2] 山梨大学の学生68人を対象として平成8年11月に実施。回収率6割。

3. 快適な住生活の実践

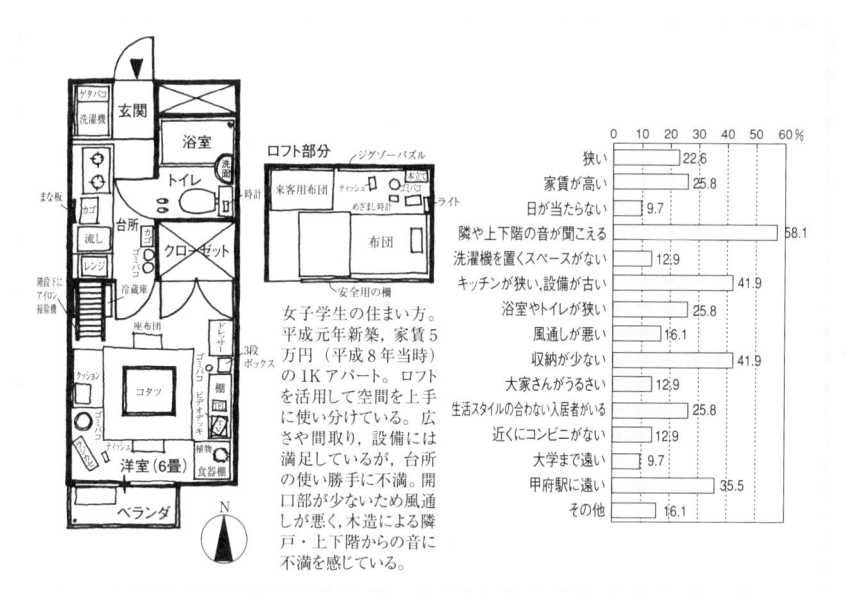

図V-16 学生アパートの住まい方と現住宅で困っていること（MA）
（学生の住まいに関するアンケート調査，平成8年11月）

女子学生の住まい方。平成元年新築，家賃5万円（平成8年当時）の1Kアパート。ロフトを活用して空間を上手に使い分けている。広さや間取り，設備には満足しているが，台所の使い勝手に不満。開口部が少ないため風通しが悪く，木造による隣戸・上下階からの音に不満を感じている。

困っていること割合（％）：
- 狭い 22.6
- 家賃が高い 25.8
- 日が当たらない 9.7
- 隣や上下階の音が聞こえる 58.1
- 洗濯機を置くスペースがない 12.9
- キッチンが狭い,設備が古い 41.9
- 浴室やトイレが狭い 25.8
- 風通しが悪い 16.1
- 収納が少ない 41.9
- 大家さんがうるさい 12.9
- 生活スタイルの合わない入居者がいる 25.8
- 近くにコンビニがない 12.9
- 大学まで遠い 9.7
- 甲府駅に遠い 35.5
- その他 16.1

選んだ理由をみてみると，大学までの通学距離のほか部屋の広さ，台所・浴室・トイレ設備，家賃が重視されている。あらかじめアパートの立地，設備，広さ，家賃などの諸条件を設定し，住宅情報誌や不動産業者から情報を集め，相互に比較して条件にあう住宅を選ぶというのが一般的である。しかし実際に生活してみると，「隣や上下階の音が聞こえる」「キッチンが狭い，古い」「収納が少ない」「生活の合わない住人がいる」など，入居前には想定していなかった問題や生活してみて初めて気づくことも多い（図V-16）。

アパートは共同住宅であるから両隣や上下階にも部屋があり，自由に窓を取って太陽の光や風通しを確保することは難しい。アパートの構造（木造，鉄骨造など）によっては隣や上下階からの騒音や話し声も気になる。家賃を抑え，居室を広くとることを第一に考えた間取りでは，収納や浴室・トイレのスペースが窮屈になりやすい。家具が大型化し，所有量が増えると，しだいに部屋が狭く感じられるようになる。ワンルーム形式のアパートでは，玄関を開けると室内全体が見えてしまったり，食寝分離ができないなどの問題がある。こうし

た問題を解決しようと思っても，賃貸住宅であるから自由に手を加えることはできない。したがって部屋の広さ，壁の量，窓の数・配置，台所の使い勝手，収納の量・形状，日照・通風，プライバシーの確保など，入居前に住宅やそのまわりの環境について詳細に調査し，検討しておく必要がある。

(5) 自然環境と調和した住生活

環境とのかかわりも重要である。住宅事情の厳しい大都市では，採光・通風が思いどおりに確保できない住まいも多い。しかしそうした制約の少ない地方なら，自然の恵みや四季の変化を取り入れた心地よい住まい方をしたいものである。採光が不足すると，人工照明に頼りがちになり，本来使わなくてもよいエネルギーを消費することにもなる。通風・日照条件は人間の健康や室内環境にも影響を及ぼす。たとえば，シックハウス症候群がある。オイルショック以降，わが国の住まいは高気密・高断熱の構造が求められてきた。同時に住宅生産の工業化が進み，化学物質を大量に含んだ新建材が多用されてきた。こうした住宅では，十分な換気がなされないと，ホルムアルデヒドなどの揮発性有機化合物が室内に滞留し，吐き気や頭痛，めまいなどの症状があらわれることになる。ユカ座の生活が今もなお残るわが国では高齢者や乳幼児などがこうした被害を受けやすい，という報告もある[21]。

一方，冬場には，住宅の断熱性が不十分で空気中の水蒸気量に対して換気量が不足すると，室内外の温度差によって室内各部に結露が生じる。結露によって住宅の主要構造部が腐ったり，カビやダニを発生させてアレルギーなどを引き起こす。照明器具やエアコン，ストーブなどで人工的に室内環境を調整することは容易であるが，「風を通す」「光を取り入れる」など自然を身近に感じられるような住まい方を心がけたい。

(6) 住民参加のまちづくり

欧米に比べてわが国の社会資本の整備は遅れている。「通学路が舗装されていない」「外灯が暗くて，夜一人歩きがしづらい」「まちの中心部の空洞化が進んでいる」といった身近な生活問題を解決していかなければならない。こうした地域の住環境問題は個人の力で解決することは難しく，行政や専門家，住民

3. 快適な住生活の実践

● 住まい・まちづくり教育への関心
- 関心がない 6.1%
- 関心がある 22.5%
- あまり関心がない 38.7%
- 少し関心がある 32.7%

● 住まい・まちづくりへの参加意向
- あまり関心がない 18.9%
- 参加したい 25.8%
- どちらとも言えない 55.3%

● 住まい・まちづくり学習の方法（3つ以内）

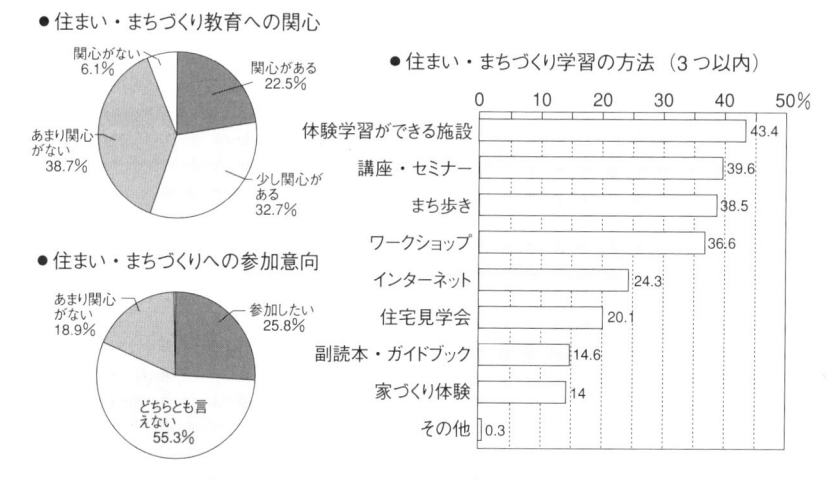

方法	%
体験学習ができる施設	43.4
講座・セミナー	39.6
まち歩き	38.5
ワークショップ	36.6
インターネット	24.3
住宅見学会	20.1
副読本・ガイドブック	14.6
家づくり体験	14
その他	0.3

図 V-17　住まい・まちづくり教育と住民参加
（やまなし住生活プラン21策定のための県民意識調査，平成12年9月）

などが一体となって取り組むのが望ましい。住まい・まちづくりへの「住民参加」が必要といわれるのはこのためである。山梨県が実施した住まいに関する意識調査（平成12年9月）によると，県民の55.2％が住まい・まちづくり学習に関心を示し，「体験学習施設」「講座・セミナー」「まち歩き」「ワークショップ」など地域や社会教育の場で住まいや住環境，まちづくりについて学びたいと回答している（図V-17）。さらに県民の25.8％が住まいづくりや身近な地域のまちづくりに参加したいと考えている。「まち探検」や「住環境点検マップづくり」などの活動・実践を通して，自分たちの住む地域をよく観察し，「問題点は何か」「次世代のために何を大切に守り，残していかなくてはならないのか」を地域全体で考えていくことが，住民参加のまちづくりへの第一歩となる（図V-18，図V-19）。

21世紀は生涯学習の時代である。全国の自治体では学校教育や社会教育の場を活用し，住まいやまちなみ・景観，河川，森林環境などをテーマにした住民参加プログラムを計画している。それらに積極的に参加し，ふれあいや交流，体験を深め，自分たちの住むまちや地域の環境をよりよくしていくための実践的な態度を身につけていくことが望まれる。

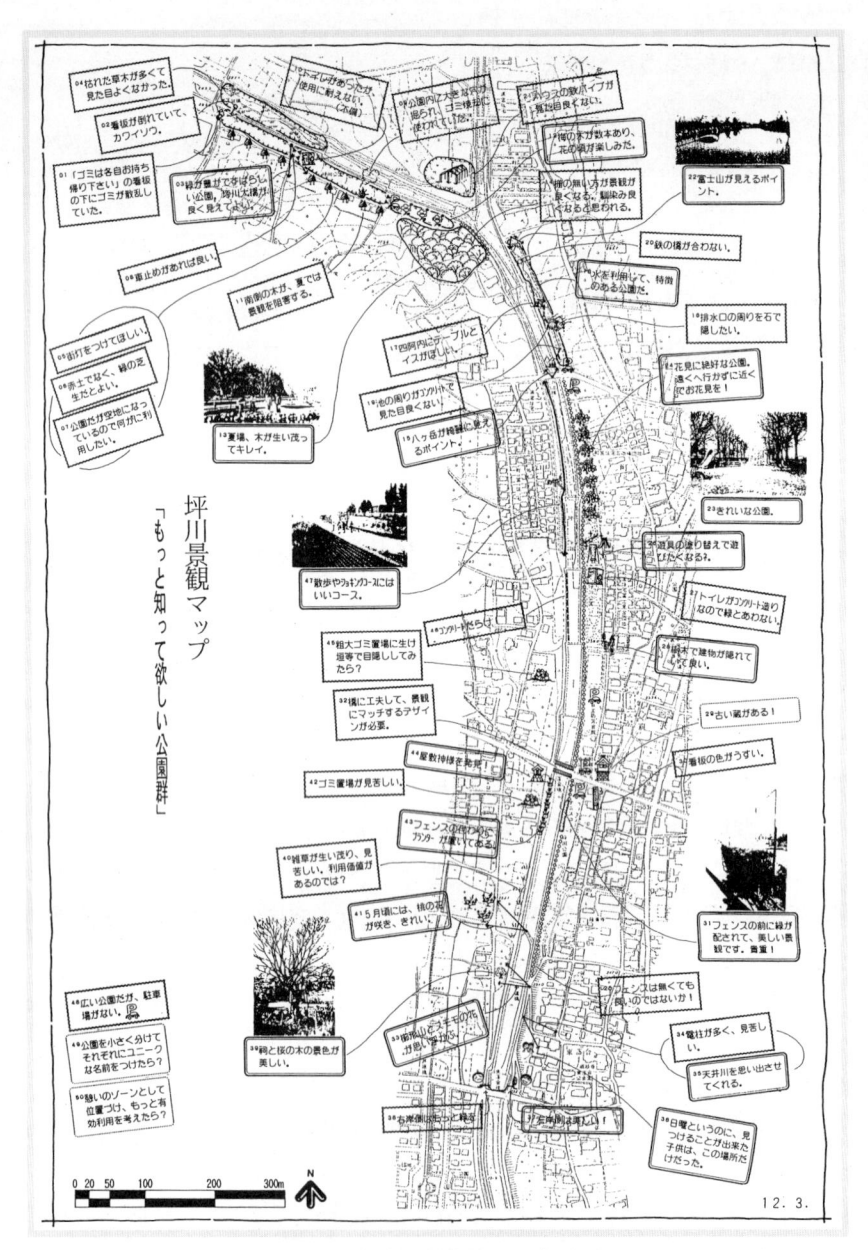

図V-18 生活環境点検マップの作成
（甲西町都市景観形成ガイドプラン策定調査報告書）

3. 快適な住生活の実践

(午前11：40〜12：00)
歩いて感じた本町の魅力と課題を、マップなどに出し合いました

気がついたこと、感じたことを付せん紙に書いて、マップやもぞう紙にまとめました。

(右) 手元のメモを見ながら、本町の資源、課題をまとめる学生たち。

午後の部 ……………………………………………………………

午後の部は、本町の武重先生（お医者さん）のあいさつ、自己紹介からはじまりました。
そしてまず取り組んだのは・・

本町のウリを、グループごとに3つ考えました

笠原邸を本町の「にぎわいの核施設に」と考えたとき、まず大事なのは本町の持つ特色ではないでしょうか。まちの物語り、暮らしの文化、町並みの美しさ、住む方の気質・・。
いろいろ出しあった中で、グループごとに3つのキャッチフレーズを考えました。

「豪商」「藤村の散歩道」「うだつをあげるまち」など、本町の方たちの心の中に生きているまちへの誇りが言葉になって表わされました。

図V-19　まちづくりワークショップの様子
（NPO法人小諸町並み研究会主催「まちに，にぎわいの拠点をつくろう！」旧笠原邸活用提案ワークショップの記録，平成10年）

(7) 快適な住生活の創造に向けて

住まいや住生活は家族の変化とともに変容していく。時代を写す鏡でもある。生涯にわたって一つの家に住み続ける人は少ない。年齢の上昇にあわせて子ども部屋をもち，進学や就職を機に家族と離れて一人暮らしを始める場合が多い。与えられた住環境のなかで過ごすのではなく，自ら住まいや住環境を選択し，社会や自然環境，コミュニティと積極的にかかわりをもちながら，自立した生活を営んでいくのが20代である。

これからの社会では，自分や家族，地域，まちにとって快適で自立した住生活とは何かを考え，実践していくことが望ましい。それが地域全体の快適性（amenity）の向上にもつながり，ひいては地球環境の保全に寄与していくような仕組みづくりへと発展していく。市民一人ひとりが地域の住まい・まちづくりに積極的に参加していくことが，こうした地球規模での快適な住生活の創造へ向けた第一歩となるのである。

■引用文献

1) 健康・栄養情報研究会：戦後昭和の栄養動向，pp.13-28，第一出版，64-65，1998
2) 健康・栄養情報研究会：国民栄養の現状，pp.65-85，第一出版，133-151，2000
3) 厚生省：国民栄養の現状，p.156，第一出版，1995
4) 足立己幸：なぜひとりで食べるの，日本放送出版協会，1973
5) 農林統計協会：食料・農業・農村白書平成11年度，pp.83-106，農林統計協会，2000
6) 農林水産省：食料需給表，p.15，2000
7) 環境庁：環境白書（総説），p.19，1996
8) 今田純雄：たべる―食行動の心理学―，pp.10-22，朝倉書店，114-1619，1996
9) 金子佳代子監修：こんだて診断，学習研究社，2002
10) 辻井康子，丹羽雅子編著：被服学概論，p.4，光生館，1987
11) 弓削治：被服衛生学，p.26，朝倉書店，1987
12) 田村照子：基礎被服衛生学，p.118～119，文化出版局，2000
13) 風間建，土田和義，塩谷隆：最近の衣料用・家庭用新素材の特徴，日本繊維製

品消費科学，33巻8号，p.31，1992
14) 前掲13)，p.102
15) 牟田緑，早川史希子：新素材認識に関する考察，衣生活，35巻2号，p.21，1992
16) 環境庁：平成9年度版環境白書，p.135
17) 杉原利治：衣生活，34巻1号，p.26，1991
18) 前掲17)
19) （社）日本衣料管理協会：衣料の使用実態調査，2000
http://www.fcc.jp/JCFA/kogyo/kogyo-41.html
20) 旧建設省住宅宅地審議会住宅部会・宅地部会：21世紀の豊かな生活を支える住宅・宅地政策について（中間報告）関連資料，1999
21) 山梨日日新聞「現代住まい考」，1997年3月21日記事
22) 内藤道子ほか：生活の自立と創造を育む家庭科教育，家政教育社，2000
23) 田中勝：生態系（エコシステム）の確立をめざす住まい方—自然環境との共生をめざした住まいの条件，ビジュアル家庭科教育実践講座第5巻よりよい住まい方をめざす住生活，pp.214〜221，ニチブン，1998
24) 山梨県土木部住宅課：やまなし住生活プラン21〜ゆとり・快適・安心・やすらぎ〜，2001
25) 総務庁統計局：平成10年住宅・土地統計調査報告（全国編），2000
26) 建設省住宅局監修：住宅需要の動向—平成10年住宅需要実態調査の結果—，（社）日本住宅協会，1999
27) 甲西町都市景観形成ガイドプラン策定調査報告書，山梨県甲西町，1996
28) NPO法人小諸町並み研究会主催「まちに，にぎわいの拠点をつくろう！」旧笠原邸活用提案ワークショップの記録，1988

■参考図書
・日本家政学会：食生活の設計と文化，朝倉書店，1992
・宮崎隆典：食品の安全最前線，コープ出版，2000
・中村靖彦：遺伝子組み替え食品を検証する：日本放送出版協会，1999
・エリック・シュローサー：ファーストフードが世界を食いつくす，草思社，2001
・NACS東日本支部食部会：食品表示の裏を読む，悠々社，1999
・厚生省生活衛生局：栄養表示基準，中央法規，1997
・若村育子：食のモノサシ選ぶコツ，晶文社出版，1998

VI章 自分らしく生きるための生活設計スキル

1. 自分らしさとシンプルライフ

　人の一生（Life course, Life cycle）は，第Ⅰ章-1-(3)で述べているように自分がこう生きたいと願っても一筋の道を全うすることは難しい。予期しない出来事を自分自身で，また家族や地域社会の協力を得ながら解決のための努力が積み上げられていく。その道筋は時代・世相，男女等によってある程度パターン化されるものの，多様な生き方が待ち受けている（図Ⅰ-3, p.8参照）。

　しかし，個人化の進むこれからは，個人の生き方（自分らしさを主張する生活価値）が重要になってくる。「生きること」を生活を営むという視点でとらえるならば，生活の主体である人間は，ものと環境との相互関係を円滑な循環の中で考えるエコシステム（ecosystem）でとらえ，そこで自分が生き活かされていることの基本的な認識が必要である。

　表現は異なるが「持続可能な社会づくり」とか「循環型社会を創る」，「環境との共生をめざす」（第Ⅳ章）も，また同意語と解釈できよう。

(1)「共生」と自分らしさの調整

　20世紀が「もの」の時代であるとすれば21世紀は「こころ」の時代といえるであろう。

　「心の時代」について吉野正治は『いざやいざや見にゆかん』[1)]で，『心の豊かさとは何のことでしょうか。分かったようで分からないような面があります……。「消費者よしっかりしなさい」と言うことなのか，あるいは一人ひとりの「文化・教養を深めなさい」という意味なのか，「もっと主体的に生きなさい。自分自身を見つめなさい」という意味あいなのか……いろんな意味がある

でしょう。』と前置きし,私の結論は「新しい豊かさは自立と共生の豊かさである」と提起している。

10年前には十分に飲み込めなかった「共生」という言葉であったが,現在では繁栄の陰で壊れていった環境,バラバラになった人間関係,家族崩壊を目の当たりにして,「こうゆう状態で本当の意味の未来があるのだろうか」と社会全体が一体となって「共生」と取り組み始めている。

1）作ることと使うことの共生

「共生」とは何だろうか。すでに第Ⅰ章4-(2) で「自立と共生」のあり方・考え方を述べている。吉野正治は上述の著書で,①人と人との共生（男と女,高齢者と若い人,子どもが共に生きる,障害者と健常者,生産者と消費者），②風土と人間の共生（先進国と発展途上国,人と自然・風景,人ともの），③歴史と人間の共生（古いものと新しいもの）をあげている。次いで,共生ということでいますぐできること,育てたいことは「手づくり（作ることと使うことの共生）」であると述べている。「手作り」を通して個々人が生きるという生業（営み）に参加しているという考え方の重要性を示唆している。つまり,これまでの過去半世紀の間,高度産業技術によって,「手作り」することから離れてしまった生活の中で「ものの浪費＝使い捨て＝人と物との乖離」が始まったことを振り返れば「共生」の原点は納得できることである。

2）自分らしさの実現方法

最近の若者は「人と同じものは着たくない,同じことはしたくない」と自己主張がはっきりしてきた。しかし「顔黒化粧,厚底サンダル,茶髪」などのファッションでは,結果的には流行を追いかける（同調意識）だけである。戦略的に仕掛けられた流行を身につけることも「自分らしさ」の一つの表現だろうが,これだけでは自己実現に向けた生き方にはならない。

「自分らしさ」の実現にあたっては,時代の動向を真正面から見つめて取り組む勇気と冷静な調整・制御の意思決定によって自己中心の排除ができなければならないと思う。「テロ行為」は論外としても,「時代に逆らう勇気こそ重要」との考えもある。「協調」も「共生」もまた地球社会では必要である（第Ⅳ章）。仮に「自立と共生」を地球社会における生活創造の今日的価値・目標とするならば,それに立ち向かう地域社会の一員・自分自身が,経済的・文化的・社会

表Ⅵ-1　自己実現（自己開発の目標となる生活の価値）

	生活の価値（内容）
社会的自己実現	公平，平等平和，秩序，権利と責任，勤労
文化的自己実現	健康，安全，幸福，習慣・伝統，文化財，意識
経済的自己実現	富，節約，投資，貯蓄，生活水準，生産・消費

（内藤道子他：消費者教育指導の実際，p.28，家政教育社，1979より作表）

的側面から見て，さらに身近な生活価値（表Ⅵ-1）の何を優先し，それをどんな方法・やり方で展開し活動するのか，そこでの主体的批判・思考（critical thinking）と意思決定にこそ「自分らしさ」構築の第一歩があるのではなかろうか。

（2）協働と共生の時代を生きるシンプルライフ

1）協働と共生

2004（平成16）年8月に国立京都国際会館にて第20回国際家政学会議が開かれる。この会議の統一テーマは主催する日本家政学会の提案「協働と共生（Cooperation and Interdependence ― Fostering Leadership in Home Economics for Healthy Communities ―）」が採択された。酒井豊子は，2002（平成14）年1月1日の建帛社だより「土筆」の一面で，その想いを「……人間を取り巻くすべての環境に関するグローバルな認識に立って，個人・地域社会の構成単位として，人間・社会・自然環境との間に相互尊重・信頼・努力関係を自律的に構築することが21世紀の課題である。……」と綴っている。先に紹介した吉野正治の提案とも共通するものであり，今世紀を生きる人々の基本的な指針であることは確かなことである。

一歩進めて，「協働と共生」，「自立と共生」を指針に生活実現を願う私たちが一番重視しなければならないことはなにか。それは20世紀後半，人間を取り巻く環境に対する大きくなりすぎた負荷（枯渇，崩壊など）を小さくし，21世紀の持続可能な生活文化を導き出すことである。その「新たな生活文化＝シンプルライフ（simple life）＝」をすでに10年前に提示している吉野正治の具体像を次に見てみよう。

2）シンプルライフはエコロジカル・ライフ＝スローライフ（Slow Life）

国においては「環境保全長期構想」（環境庁，1986年），「地球人としてのライフスタイルの追求」（昭和63年版環境白書，環境庁，1988年）の中で，環境と共生する新たな生活様式としてエコロジカル・ライフスタイル（ecological life style）が，その基本的な構想モデルにシンプルライフを提案している。具体的な方法の提案は『暮らしと環境に関する研究会報告書』『環境にやさしい暮らしの工夫』（環境庁，1989年）に集約されている。基本理念は「地球にやさしいエコマーク」で象徴される「考えは地球規模で，行動は足元から」（Think Globally, Act Locally）が出発点になっている。

ほぼ同時期に，吉野正治はシンプルライフの具体像（生活様式）を柱とする生活行為・生活の処方箋（表Ⅵ-2）を生のまま並べて，その価値的判断の根拠を解説している。たとえば「なぜ良いものを大事に使うのか。良いものは値がはるが，長く使えば結局は安いものにつく，それに良いもの，気に入ったものは身近にあって楽しい……。」と，効用をトータルにみて高くないという美意識・センスを優先している。「再生紙は少々高いが，環境にやさしい暮らしを大事にしよう」と，値段で判断する経済性を二次的に考える生活観と同様に，生活価値を変えることで生活の有りようは転換することを示している。

「旬のものを食べる。石油漬けの野菜はたべない。まずくもある。」についてみると，四季のある国に住む日本人にとって，これまでの食べ物の「旬とはしり」は重要な選択・購入の判断基準であった。「旬のものは安くて美味しい（栄養価が高い），はしりは珍味であるが高価，栄養価もうすい。」との評価であった。ところが近年，食べ物から季節感が消え（石油漬け＝ハウス栽培＝の野菜作り・関係国からの輸入など），豊富で贅沢な食材を前にして「安全・安心食品」への関心が薄らいでいる。もっと顔の見える関係（産直）の贅沢を推奨する考えであり，最近「スローフード/slow foods」といわれる調理や食事形態が話題になっているのもこの一環といえよう。

吉野正治は，最後にシンプルライフを「単に生活の簡素化，縮小化ではない。自分の考えや意志を生活に積極的に向けて生きることで，……新たな価値を生み出し失われた価値を甦らせる。……なぜなら自分の手・足・身体・目・耳・鼻・頭を使う生活だからである。……社会の中での新しい自分を発見させるこ

1. 自分らしさとシンプルライフ

表Ⅵ-2 シンプルライフの具体像

No	具 体 像
その1	・たくさんのモノ・サービスの必要を前提としない生活 ・質の良い（選び抜いた）モノ・サービスを楽しみ，大事に使う ・余計なものは抱えこまず，普段もよいものを（品質，性能，デザイン）使う ・著名作家の絵などはリースで楽しむ ・「自分たちでたのしんでする」のウエイトを増加させる ・手づくり的生活部分をもう少し増やす ・加工されつくしたものではなく，素材を購入し自分で加工する ・家庭で手づくりパーテイをする ・楽しみや遊びを購入するのではなくて，自分たちで主催する
その2	・旬のものを食べる。石油漬けの野菜は食べない。まずくもある ・安全・安心食品で暮らす。化学農業産品を敬遠する ・磯魚，近海モノのウエイトを増やす。養殖魚は敬遠する ・缶ジュースは買わない
その3	・できるだけ歩く。自転車を使う ・上田篤のいうように「自動車は弱者のもの」，マイカーをもたない ・雨降りでなければ散歩する。ゴルフはしない
その4	・エコマークのあるモノ・サービスを使う ・資源・環境の収奪につながるモノ・サービスは使わない ・過剰包装のものは敬遠する ・過剰に広告するものは敬遠する ・どうしても自動車というなら，実用性能範囲の丈夫で長持ちするスタンダード品を買う
その5	・リサイクルシステムのある暮らし方を大事にする ・まだ使える不用品は欲しい人に使ってもらう。ガレージセールもよい ・家具，衣料など修理のきくものは修理して使う「リフォームワーカーズコープ」に出してもよい ・家庭機器は修理して使う。「修理ワーカーズコープ」に出す ・野菜屑は堆肥にする。堆肥は花壇・菜園で使用する ・戸建て住宅の家庭排水は管理の行き届きやすい合併浄化槽で浄化したのち大地に帰す
その6	・「環境ワーカーズコープ」をもう一つの環境管理の社会システムとしてつくる ・「暮らしワーカーズ」をもう一つの暮らしシステムとしてつくる ・「農業ワーカーズコープ」を新しい農業生産支援システムとしてつくる ・「海外協力コープ」をもう一つの途上国支援・交流・協力のシステムとしてつくり，収奪から互助友愛の関係に置き換えていく ・大都市では集合住宅に住み，集まって住むことの楽しさを創る

（吉野正治：いざやいざや見にゆかん pp.119-134，かもがわ出版，1993 より作表）

とになるだろう。」と総括している。

また，山本良一（グリーン購入ネットワーク代表幹事／東京大学教授）は「環境知性を語る」（環境会議2000/11）で，「2050年に人口が90億人になった時に平和で豊かな生活を実現するには……結論はただ一つ，資源エネルギーの消費量と汚染物質の放出量を減らし，資源生産性を増やし，環境効率を高めるというシンプルライフを実践することです。私たちが目指すシンプルライフはみすぼらしいものではないのです。」（要約）と述べている。

環境中に放出される汚染物質の量が，今や持続可能な水準を40％も超えてしまっている現実をふまえた新たな生活文化の重要性を，両者とも「シンプルライフ＝エコロジカルライフ＝スローライフ」で指摘しているのである。グリーンコンシュマー10の原則（第Ⅳ章参照）を念頭に，この実践を可能にする生活者主体の創意と工夫を推進していかなければならない。

2. 自分流生き方（生活設計）を模索する若者たち

日々の暮らしの積み上げが人生であり，生きた証となるが，その人生をより充実したものにするために，人はそれぞれの将来の目標を定めて見通しを立て（生活設計），それに立ち向かっていく。

（1）生活設計の基本スキル

生活設計は生涯を見通す長期設計に基づいて中期（数年あるいはライフステージで区切った具体設計＝第Ⅰ章-(3)-図Ⅰ-1参照＝)，短期（1年程度）のプランを立て，実践しながらプランの修正・追加などの管理を行うことでその意義は高まる。

従来型の生活設計では家族のライフステージに注目した生活課題解決の提案であったが，生活観の世代間格差や生活の個人化が進む中では，具体的な設計では個人のライフコースを中心に，設計することから始めてみたい。その流れの中へ家族の創設（結婚）に始まる家族との共生，家族の生活課題（family life events）を加えていく。家族の暮らしに個人が埋没しないためにも，家族のライフコースと個人のライフコースをそれぞれ大切にする考え方が必要である。

したがって自分らしさを主張する生活設計では，常に自己の生き方を確認し，ライフステージごとに生活視点（課題）のポイント（図Ⅰ-1）で周囲の情勢，家族の意見，経済的な見通しなどと結びつけながら設定し，それに向けての修正・管理を行っていかなければならない。

前節（Ⅵ-1）でみてきた「シンプルライフ論」は，価値の転換を目指す生活創り（今世紀の一つの生き方＝価値観＝）の提示である。その具体的な内容を参考にしながら，自分がどんな生き方をするのか（したいのか），その内容・方法を模索しながら，日々の生活，短期・中期の暮らしの具体化をしていきたいものである。

（2） ある大学生の生活設計

看護大学1年生を対象に年度はじめの4月から始まった「生活科学」（選択・2単位）の講義・「生活設計論」の中で，「私のライフプラン・ライフスタイル（人生すごろく）」を提出（2001年5月下旬）してもらった。例示すると図Ⅵ-1となる。

提出（女：47，男：2）された生活設計を見ると，男女ともにそれぞれの平均寿命を全うすることを前提に，9割の学生が予測した人生のライフイベントの主要項目に，大学卒業（留年予測3名），国家試験，就職（看護師，保健師，助産師，介護施設の運営など多彩），結婚（90％が恋愛），家事・子育て，退職，余生などを掲げた人生街道の設計になっている。各ステージは基本的で奇抜さはないが，いずれのプランも自分の生きる道を自分らしくどう彩るか，真剣な願いに満ちた内容が読みとれた。

終生独身組は3人であったが，結婚するものの夫とのすれ違いの生活や性格の不一致による離婚というイベントが多いのには驚かされる。就職では家業（インテリア）を継ぐ，趣味を生かしたお菓子屋の開店もみられるが，大学での職業教育を活かす意気込みが強く伝わってくるプランが多い。

国内での病死・交通災害といったリスクの予測は少ないが，家族崩壊，職業上の医療ミスによる自殺など，生活を自ら拓いていくことへの不安が目につく。

また一方で，国際結婚，青年海外協力隊でアフリカで働く，マラリヤで死亡，余生は夫婦（単身）で外国で過ごす，ひとり淋しくがんで死ぬなど，時代の少

*現在の自分を起点に，時間の経過（加齢）とともに拓き創る生活設計（ライフプラン）

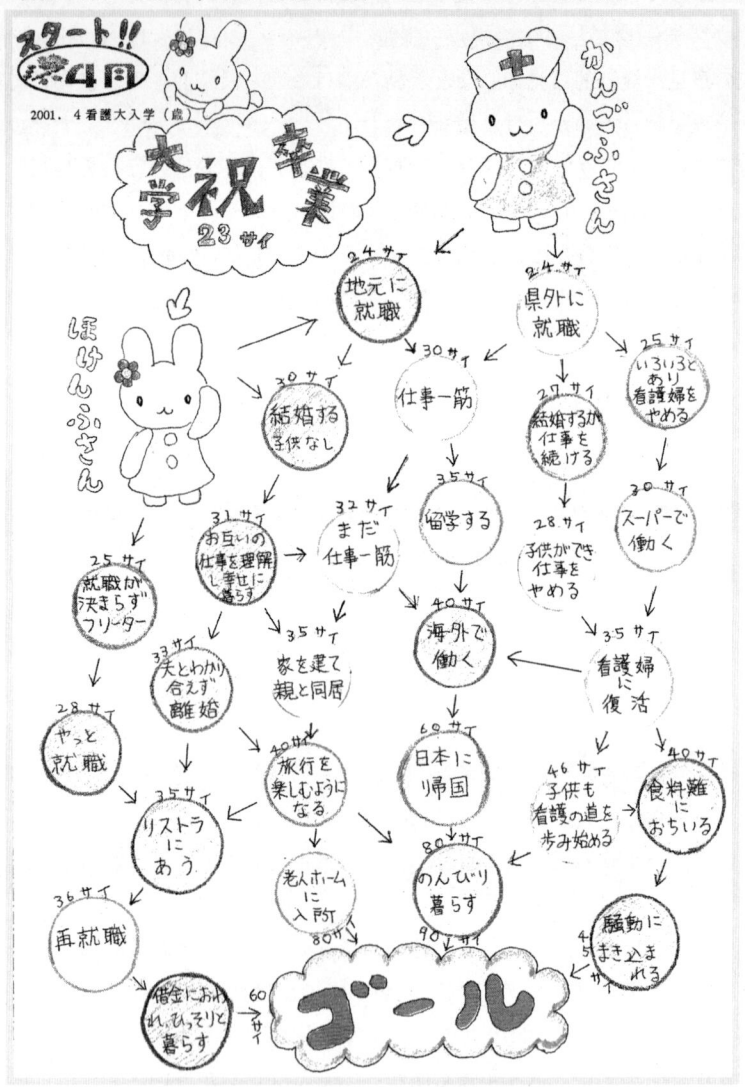

図Ⅵ-1 私のライフプラン（例）

子・高齢化，国際化社会に敏感に反応する若者の姿も浮かび上がった．

　ちなみに教員養成大学学部学生（2年次生）の「私のライフプラン」と比較してみると，大きく異なるのは将来の職業選択の内容である．看護大学生の大方は看護師，保健師であるが，教員養成大学では男女を問わず，教員を中心にして，公務員，銀行員など，やや選択幅は広くなっている．しかし両者を通して職業教育を目的にした大学の学生の場合は，大学の選択＝職業選択に予想以上に結びついていることがわかる．

　ここに例示した「生活設計」は，国による「平和，自由，安全」などが基本的に保障され，かつ学生という恵まれた環境で夢や願いを育むことのできるゆとりを多分にもった若者たちのものであるためか，概して人生への挑戦意欲が薄い．しかし目を転じれば世界の発展途上国はいうに及ばず，わが国においても過半数を占める勤労青少年，その保護者である中・高年者の生活は厳しい状況にある．この現実と向き合うならば，「よりよい環境・安全・平和」を信じて自ら立ち向かう挑戦意欲や活動，それに耐え得る強靱な肉体と精神づくり，この切り拓きに濃密にこだわってみる生活設計が加わってもよいのではなかろうかと思われた．その実践的な生活活動の中にこそ，より自分らしい生き方を創る人生がみえてくるのではないかと考える．

■引用文献

1) 吉野正治：いざやいざや見にゆかん，かもがわ出版，pp.91-118，1992

■参考文献

・吉野正治：いざやいざや見にゆかん，かもがわ出版，1992
・環境庁編：環境にやさしい暮らしの工夫（「くらしと環境に関する研究会」報告書），大蔵省印刷局，1989
・藤枝惪子他：消費者教育指導の実際，p.28，家政教育社，1979
・藤枝惪子他：家庭一般，大修館書店，1997
・文部省：高等学校学習指導要領解説（家庭基礎，家庭総合，生活技術＝告示1999年3月＝），文部省，2000
・経済企画庁編：国民生活白書（平成12年版），2000

資　料

資料1

■男女共同参画社会基本法 (抜粋)
(平成11年6月23日法律第78号)

前文

我が国においては、日本国憲法に個人の尊重と法の下の平等がうたわれ、男女平等の実現に向けた様々な取組が、国際社会における取組とも連動しつつ、着実に進められてきたが、なお一層の努力が必要とされている。

一方、少子高齢化の進展、国内経済活動の成熟化等我が国の社会経済情勢の急速な変化に対応していく上で、男女が、互いにその人権を尊重しつつ責任も分かち合い、性別にかかわりなく、その個性と能力を十分に発揮することができる男女共同参画社会の実現は、緊要な課題となっている。

このような状況にかんがみ、男女共同参画社会の実現を二十一世紀の我が国社会を決定する最重要課題と位置付け、社会のあらゆる分野において、男女共同参画社会の形成の促進に関する施策の推進を図っていくことが重要である。

ここに、男女共同参画社会の形成についての基本理念を明らかにしてその方向を示し、将来に向かって国、地方公共団体及び国民の男女共同参画社会の形成に関する取組を総合的かつ計画的に推進するため、この法律を制定する。

第一章 総則

第一条（目的） この法律は、男女の人権が尊重され、かつ、社会経済情勢の変化に対応できる豊かで活力ある社会を実現することの緊要性にかんがみ、男女共同参画社会の形成に関し、基本理念を定め、並びに国、地方公共団体及び国民の責務を明らかにするとともに、男女共同参画社会の形成の促進に関する施策の基本となる事項を定めることにより、男女共同参画社会の形成を総合的かつ計画的に推進することを目的とする。

第二条（定義） この法律において、次の各号に掲げる用語の意義は、当該各号に定めるところによる。

一 男女共同参画社会の形成 男女が、社会の対等な構成員として、自らの意思によって社会のあらゆる分野における活動に参画する機会が確保され、もって男女が均等に政治的、経済的、社会的及び文化的利益を享受することができ、かつ、共に責任を担うべき社会を形成することをいう。

二 積極的改善措置 前号に規定する機会に係る男女間の格差を改善するため必要な範囲内において、男女のいずれか一方に対し、当該機会を積極的に提供する

ことをいう。

第三条（男女の人権の尊重）　男女共同参画社会の形成は，男女の個人としての尊厳が重んぜられること，男女が性別による差別的取扱いを受けないこと，男女が個人として能力を発揮する機会が確保されることその他の男女の人権が尊重されることを旨として，行われなければならない。

第四条（社会における制度又は慣行についての配慮）　男女共同参画社会の形成に当たっては，社会における制度又は慣行が，性別による固定的な役割分担等を反映して，男女の社会における活動の選択に対して中立でない影響を及ぼすことにより，男女共同参画社会の形成を阻害する要因となるおそれがあることにかんがみ，社会における制度又は慣行が男女の社会における活動の選択に対して及ぼす影響をできる限り中立なものとするように配慮されなければならない。

第五条（政策等の立案及び決定への共同参画）　男女共同参画社会の形成は，男女が，社会の対等な構成員として，国若しくは地方公共団体における政策又は民間の団体における方針の立案及び決定に共同して参画する機会が確保されることを旨として，行われなければならない。

第六条（家庭生活における活動と他の活動の両立）　男女共同参画社会の形成は，家族を構成する男女が，相互の協力と社会の支援の下に，子の養育，家族の介護その他の家庭生活における活動について家族の一員としての役割を円滑に果たし，かつ，当該活動以外の活動を行うことができるようにすることを旨として，行われなければならない。

第七条（国際的協調）　男女共同参画社会の形成の促進が国際社会における取組と密接な関係を有していることにかんがみ，男女共同参画社会の形成は，国際的協調の下に行われなければならない。

第八条（国の責務）　国は，第三条から前条までに定める男女共同参画社会の形成についての基本理念（以下「基本理念」という。）にのっとり，男女共同参画社会の形成の促進に関する施策（積極的改善措置を含む。以下同じ。）を総合的に策定し，及び実施する責務を有する。

第九条（地方公共団体の責務）　地方公共団体は，基本理念にのっとり，男女共同参画社会の形成の促進に関し，国の施策に準じた施策及びその他のその地方公共団体の区域の特性に応じた施策を策定し，及び実施する責務を有する。

第十条（国民の責務）　国民は，職域，学校，地域，家庭その他の社会のあらゆる分野において，基本理念にのっとり，男女共同参画社会の形成に寄与するように努めなければならない。

第十一条（法制上の措置等）　政府は，男女共同参画社会の形成の促進に関する施

策を実施するため必要な法制上又は財政上の 措置その他の措置を講じなければならない。

（後略）

第二章　男女共同参画社会の形成の促進に関する基本的施策

第十三条（男女共同参画基本計画）　政府は，男女共同参画社会の形成の促進に関する施策の総合的かつ計画的な推進を図るため，男女共同参画社会の形成の促進に関する基本的な計画（以下「男女共同参画基本計画」という。）を定めなければならない。

2　男女共同参画基本計画は，次に掲げる事項について定めるものとする。

一　総合的かつ長期的に講ずべき男女共同参画社会の形成の促進に関する施策の大綱

二　前号に掲げるもののほか，男女共同参画社会の形成の促進に関する施策を総合的かつ計画的に推進するために必要な事項

3　内閣総理大臣は，男女共同参画審議会の意見を聴いて，男女共同参画基本計画の案を作成し，閣議の決定を求めなければならない。

4　内閣総理大臣は，前項の規定による閣議の決定があったときは，遅滞なく，男女共同参画基本計画を公表しなければならない。

5　前二項の規定は，男女共同参画基本計画の変更について準用する。

第十七条（苦情の処理等）　国は，政府が実施する男女共同参画社会の形成の促進に関する施策又は男女共同参画社会の形成に影響を及ぼすと認められる施策についての苦情の処理のために必要な措置及び性別による差別的取扱いその他の男女共同参画社会の形成を阻害する要因によって人権が侵害された場合における被害者の救済を図るために必要な措置を講じなければならない。

第三章　男女共同参画審議会

（略）

附　則（施行期日）

第一条　この法律は，公布の日から施行する。

（後略）

資料2

■改正育児・介護休業法のポイント

　仕事と家庭の両立支援対策を充実するために,「育児休業,介護休業等育児又は家族介護を行う労働者の福祉に関する法律」が平成11年4月に制定されたが,その法律の一部を改正する法律(以下改正法)が,平成13年11月9日に成立,同年11月16日に公布された(平成13年法律第118号)。改正法は平成14年4月1日より施行される。

改正のポイント

事　項	改　正　後	改　正　前
育児休業や介護休業の申し出や取得を理由とする不利益取り扱い	解雇その他不利益な取り扱いを禁止	解雇を禁止
育児又は家族介護を行う労働者の時間外勤務の制限	1か月24時間,1年150時間を超える時間外労働を制限	規定なし
勤務時間の短縮等の措置義務の対象となる子の年齢の引き上げ	義務:3歳未満の子 努力義務:3歳以上小学校就学前まで	義務:1歳未満の子 努力義務:1歳以上小学校就学前まで
子の看護のための休暇の措置	努力義務	規定なし
育児又は家族介護を行う労働者の配置	転勤に際して,育児や介護の状況に配慮すべき義務	規定なし
職業家庭両立推進者	選任について努力義務	規定なし
仕事と家庭の両立についての意識啓発	国による支援措置	規定なし

＊育児・介護休業法は,すべての制度について,男女労働者が対象となる。

資料3 中学生のための住まいの安全チェック
「安全な住まいを考えよう」
（国土交通省住宅局監修）より抜粋

わが家の耐震チェック

わが国は、皆さんも知っているとおり地震の多い国です。最近では、平成7年1月に、阪神・淡路大震災という大きな地震が起きました。犠牲者の方の多くは、火災よりも家や建物が壊れたり、倒れたりしたことで亡くなりました。
毎日生活する住まいですから、万一に備えて、家が地震に強いことが大切です。家族の方といっしょに住宅の耐震性能について考えてみましょう。

☆自分の住んでいる家の耐震性能をチェックしてみましょう。
（アパートやマンションに住んでいる皆さんは、1、2、5、6のみチェックしてください。）

チェック

1. 建築された時期
阪神・淡路大震災では、倒壊した建物の多くが、古い建築基準（昭和56年までのもの）により建てられたものでした。建築年の古い建物は、建てられた当時の法律に適合するものであっても、壁が少なかったり、配置が適正でないと、地震に弱い場合があります。そこで、これらの古い建物は、耐震性能について調べて、その性能が劣る場合には、補強工事を行う必要があります。

①家が建てられたのは、
A. 昭和57年（19年前）以降
B. 昭和56年（20年前）以前

2. 地盤
田や沼地などを埋めた所や造成地で盛り土をした所、大雨で出水するような低湿地などは、弱い地盤です。このような所は、地震のゆれが大きくなって、大きな被害を受けることがあります。

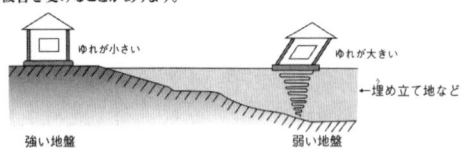

②地盤は、
A. 強い
B. 弱い

3. 建物の基礎の構造
基礎は、建物をしっかりと支えるために、強固で一体となったものが必要です。玉石の上に柱（束）を乗せたものや鉄筋の入っていないコンクリートの基礎は、大地震の際に家が倒壊したり、かたむいたりする危険があります。

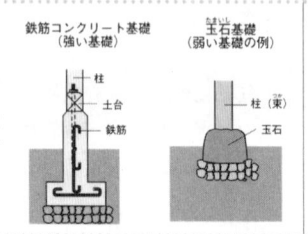

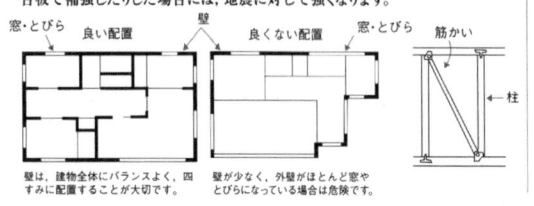

（木造建築の場合のみ）
③建物の基礎は、
A. 鉄筋コンクリート
B. 玉石などコンクリート以外のものや鉄筋のないコンクリート

4. 壁の配置
地震の横ゆれに耐えるためには、柱だけでなく、しっかりとした壁をバランスよく配置する必要があります。柱と柱の間に筋かいを設けたり、強度が高い合板で補強したりした場合には、地震に対して強くなります。

（木造建築の場合のみ）
④壁の配置は、
A. 良い
B. 良くない

5. 建物の形
（アパートやマンションの場合は、建物全体の形で考えてみてください。）

建物の外形が複雑な形（凹凸が多い形）になっていると、地震が起きたときに建物の一部に大きな力が集中し、思わぬ破壊が生じることがあります。また、1階の部分が車庫などになっていて、柱だけだったり壁が少なかったりすると、大きな横ゆれに耐えられず、1階がつぶれてしまうことがあります。

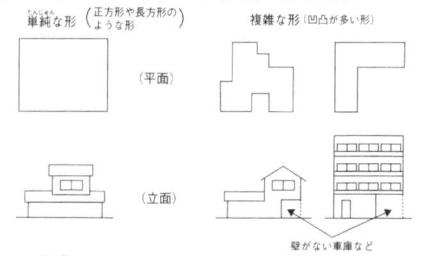

⑤建物の形が、
A. 単純な形
B. 複雑な形

建物の外形が複雑な形（凹凸が多い形）であっても、建築士が建物を建てる際に構造計算をして、安全であることを確かめている場合もあります。

単純な形（正方形や長方形のような形）　　複雑な形（凹凸が多い形）
（平面）
（立面）
壁がない車庫など

6. 建物の維持管理
住宅は手入れをしっかりしないと、木造の家では、古くなるにしたがい基礎や土台の部分がくさったり、シロアリに食われたりすることがあります。屋根の棟の線や軒先の線が波うっていたり、柱がかたむいていたり、建具のたてつけが悪くなったりしているときは、要注意です。
また、鉄筋コンクリートの建物も外壁などのひび割れから赤さびが出ている場合には、建物の強度が下がっている可能性があります。

⑥建物の維持管理がしっかりされて
A. いる
（建物に、左で示したような症状がない。）
B. いない
（建物に、左で示したような症状が見られる。）

チェック 全部Aであれば、ひとまず安心ですが、そうでない場合には、大きな地震に備え、一度専門家による耐震診断（家の耐震性能を正確に測ること）を受けることなど、家族の方といっしょに考えてみましょう。

■ 耐震診断・耐震改修の進め方
〈フロー〉

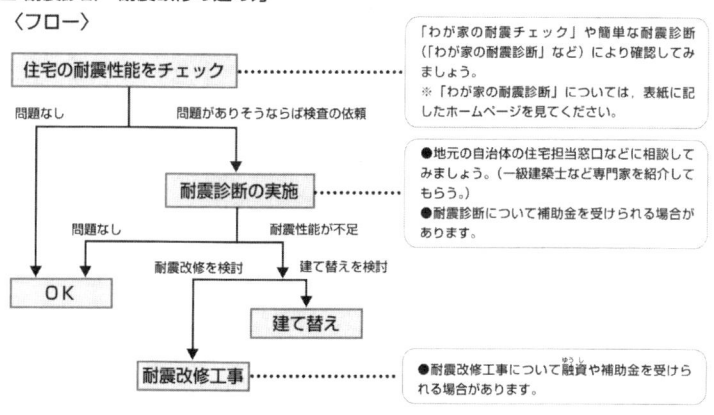

住宅の耐震性能をチェック
→ 問題なし → 問題がありそうならば検査の依頼
→ 耐震診断の実施
→ 問題なし → OK
→ 耐震性能が不足 → 耐震改修を検討 / 建て替えを検討
→ 建て替え
→ 耐震改修工事

「わが家の耐震チェック」や簡単な耐震診断（「わが家の耐震診断」など）により確認してみましょう。
※「わが家の耐震診断」については、表紙に記したホームページを見てください。

●地元の自治体の住宅担当窓口などに相談してみましょう。（一級建築士など専門家を紹介してもらう。）
●耐震診断について補助金を受けられる場合があります。

●耐震改修工事について融資や補助金を受けられる場合があります。

追究課題 家族で地震に対する日常の備えや耐震診断について話し合い、計画を立ててみましょう。

資料4

環境家計簿（例）

項　目	排出係数 CO_2	（　）月(基準月)			（　）月				
		使用量	排出量(あ) kg	金額(ア) 円	使用量	排出量(い) kg	前月との差(あ-い) kg	金額(イ) 円	前月との差(ア-イ) 円
電気(KWh)	0.12								
都市(LP)ガス(m³)	0.64(1.8)								
水道(m³)	0.16								
灯油(l)	0.69								
ガソリン(l)	0.64								
アルミ缶(本)	0.05								
スチール缶(本)	0.01								
ペットボトル(本)	0.02								
ガラスびん(本)	0.03								
紙パック(本)	0.04								
食品トレイ(枚)	0.002								
ごみ(kg)	0.24								
合　計									
		＊排出係数×使用量＝排出量(あ) ＊電気・ガス・水道の使用量は請求書の数値を記入する			＊ガソリン・灯油は給油量を使用した量とみなす ＊水道は2ケ月毎の請求に注意する ＊ごみは最初だけヘルスメーターで重さを量りその後はそれを基準に重さを決める					

請求書の見かた

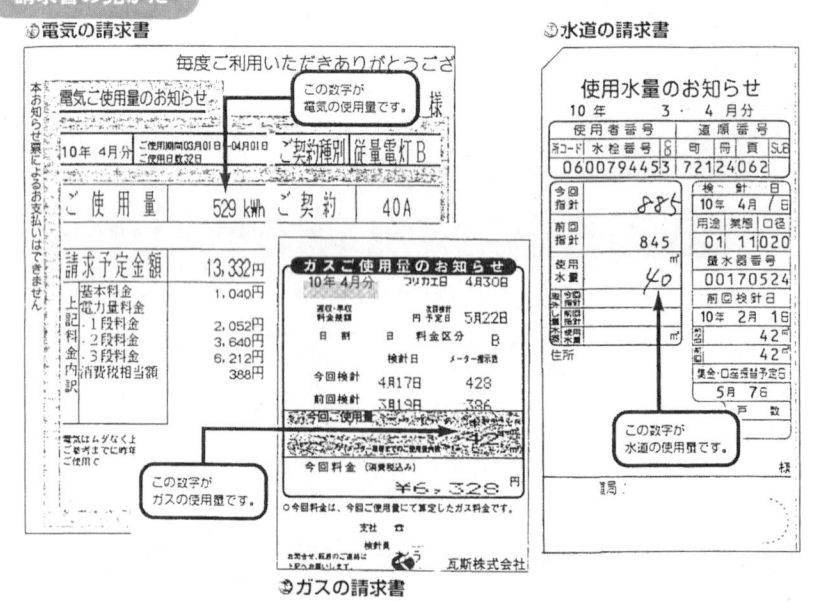

・電気の請求書
・ガスの請求書
・水道の請求書

（山梨県環境局環境活動推進課：エコライフノートより作成）

索　引

〔あ行〕

- あること(to be) …………15
- アンペイドワーク ………21, 29
- 家制度 ………………32, 51
- 生きる力 ………………14
- 育児意識 ………………35
- 育児・介護休業法 ………23, 90
- 育児環境 ………………16
- 育児休暇 ……………52, 85
- 意思決定 ……………11, 104, 131
- 意思決定のプロセス(過程)
  ……………………12, 70
- 意思決定スキル ………43, 44
- 衣食住のベーシックスキル …48
- 衣生活の計画 …………109
- 一般廃棄物 ……………76
- 遺伝子組み換え食品 ……104
- いのちの尊厳 …………13
- 衣服内気候 ……………109
- 衣料障害 ………………105
- 医療保険制度 …………91
- インターネット …………120
- 栄養教育 ………………99
- 栄養成分表示 …………104
- エコシステム ………9, 129
- エコシステム的考え方 …14
- エコロジー ……………9, 14
- エコロジカル・ライフ …132
- エネルギー比率 ………93
- エンゼルプラン …………24
- 大型ごみ ………………78
- 汚染物質 ………………134
- オゾン層の破壊 …………68
- 温室効果ガス …………71

〔か〕

- 介護休暇 ………………52
- 介護休業制度 …………25
- 介護保険制度 ……25, 56, 59, 91
- 外出着 …………………111
- 快適性 …………………126
- 核家族 …………………26
- 核家族化 ……………12, 28, 32
- 拡大家族 ………………26
- 家計収支 ………………83
- 家計・消費意識 …………38
- 家計調査 ………………83
- 加工食品 ………………103
- 家事の外部化・社会化 …12
- 家事の省力化 …………38
- 家事意識 ………………38
- 過食症 …………………102
- 家事労働 ……………24, 28, 52
- 家政学 …………………9
- 家族 ……………………12, 33
- ─の機能 ………………28, 33
- ─の結合力 ……………50
- ─の生活課題 …………134
- ─の適応性 ……………50
- 家族エコシステム ………9
- 家族援助 ………………55
- 家族関係 ………………28
- 家族支援 ………………28
- 価値 ……………………11
- ─の転換 ………………135
- 価値観 …………………12
- 家庭科男女必修 …………31
- 家庭着 …………………111
- 家庭経済 ………………82
- 家庭生活 ……………11, 12
- 家庭内事故 ……………115
- 家庭内暴力 ……………55
- 家庭擁護論 ……………29
- 感覚・感情の摂食 ………98
- 含気性 …………………107
- 環境汚染 ………………15
- 環境家計簿 ……………73
- 環境共生型 ……………119
- 環境効率 ………………134
- 環境負荷 ………………68
- 環境保全意識 …………40
- 環境ホルモン …………68
- 環境問題 ……………63, 96
- 監護権 …………………53
- 感情管理スキル …………44
- 感情コントロール …………44

〔き・く・け〕

- 技術哲学 ………………3
- 規制緩和 ………………70
- 既製服時代 ……………105

- 基礎的技能(衣) ………113
- キャッシュレス化 ………87
- 吸湿性 …………………108
- 吸水性 …………………108
- 教育費 …………………85
- 協議離婚 ………………52
- 凝集性 ………………48, 49, 51
- 共生 ……………3, 14, 130, 131
- 協調 ……………………130
- 協働 ……………3, 47, 131
- 協同活動 ………………29
- 協働スキル ………………46, 48
- 共同体 …………………36
- 京都議定書 ……………73
- 居住性能 ………………120
- 拒食症 …………………102
- 金銭管理スキル ………44, 82
- 空気層 …………………107
- クーリング・オフ制度 …65
- グリーンコンシューマー …69
- クレジットカード ………88
- 計画的な購入(衣) ………111
- 経済生活資源 …………17, 18
- 経済的自立 ………………14, 85
- 携帯電話利用率 …………83
- 欠陥住宅 ………………115
- 結合性 …………………48
- 結合力 ………………49, 51
- 結婚 ……………………34, 51
- 結婚観 ………………26, 34
- 欠食 ……………………95
- 結露 ……………………122
- 権威構造 ………………51
- 言語によるコミュニケー
  ションスキル …………46
- 健康管理 ………………28
- 健康教育 ………………2

〔こ〕

- 行為によるコミュニケー
  ションスキル …………46
- 合計特殊出生率 …………24
- 交差の交流 ……………48
- 合成繊維 ………………110
- 公的援助 ………………86
- 高度消費社会 …………38

交流分析 …………………48	〔し〕	住宅性能表示制度 ………120
高齢化社会 ………………6,24		住宅選択 ……………117,120
高齢化率 …………………36	支援システム …………41,42	住宅相談窓口 ……………120
高齢期 ……………………36	ジェンダーイクイティ…32,52	集団規範 …………………46
高齢者 ……………………36	ジェンダー意識 …………32	住民参加 …………………123
高齢社会 …………………36	ジェンダーエンパワー	主体性 ……………………5
高齢者世帯 ……………86,118	メント測定 ……………31	手段的言語コミュニケー
高齢者向け優良賃貸住宅…119	ジェンダー開発指数 ……31	ション …………………47
コーポラティブ住宅 ……118	ジェンダー問題 ………42,53	手段的サポート …………49
ゴールドプラン21 ……58,91	資源の管理スキル ………75	主婦運動論 ………………29
国際経済 …………………82	資源ごみ …………………77	主婦論争 ………………29,38
国際障害者年 ……………91	資源循環型社会 …………68	循環型社会 ………………129
国際消費者機構 …………66	資源生産性 ………………134	小エネ ……………………73
国際婦人年 ……………23,29	自己概念 …………………50	省エネ型ライフスタイル …73
国際連合人間環境会議 …40	自己開発 …………………22	省エネルギー ……………40
国民経済 …………………82	自己管理 …………………25	生涯学習 ………………25,123
国民健康保険 ……………25	自己管理スキル ………43,44	障害者基本法 ……………91
国民生活センター ………65	自己実現 ………34,59,130	障害者福祉 ………………91
国民総生産率 ……………21	―の欲求 ……………14	生涯発達心理学 …………6
国民負担率 ……………36,58	市場外労働 ………………21	小家族化 ………………12,32
孤食 ………………………95	自然環境 …………………131	少子化 ……………………24
個性 ………………………28	死蔵衣料 …………………112	省資源 ……………………75
骨粗鬆症 …………………101	持続可能な開発 …………68	情緒構造 …………………51
子どもの虐待 ……………54	シックハウス症候群…115,122	情緒的機能 ………………12
子どもの権利条約 ………13	しつけ ……………………53	情緒的コミュニケーション
コミューターマリッジ …51	室内環境 …………………122	…………………………49,56
コミュニケーションスキル	私的生活領域 ……………12	情緒的サポート …………49
………………46,47,48	児童虐待 …………………59	情動の摂食 ………………98
コミュニティ ………56,57,58	児童虐待防止法 …………91	消費支出 ………………40,83
コミュニティ意識 ………36	児童憲章 …………………13	消費者 ……………………63
コミュニティづくり ……36	児童福祉 …………………90	―の自己責任 ………70
コレクティブ住宅 ………118	児童福祉法 ………………13	消費者主義 ……………63,65
婚姻 ……………………27,51	シミュレーション学習 …48	消費者保護基本法 ………65
混合家族 …………………26	社会化 ……………………53	消費者問題 ………………63
	社会・経済システム ……17	消費生活センター ………65
〔さ〕	社会的一致学習 …………47	勝負なし法 ………………47
採光 ………………………122	社会的支援システム ……58	情報的サポート …………49
再婚 ………………………27	社会保障制度 ……………89	賞味期限 …………………103
財産分与 …………………53	収益性 ……………………87	食環境 ……………………104
再使用 ……………………78	住環境 ……………………116	職業教育 …………………135
再生繊維 …………………108	住環境点検マップ ………123	職業労働 ………………52,79
裁判離婚 …………………52	就業形態 …………………79	食行動 ……………………98
サポート行為 ……………47	自由契約型 ………………22	食事の洋風化 ……………93
サポートスキル ………46,49	自由時間 …………………81	食習慣 ……………………98
作用温度 …………………106	住情報 ……………………120	食寝分離 …………………121
産業廃棄物 ………………76	住情報交流拠点 …………120	食生活指針 ………………99
	終身雇用・年功序列型 …22	職場進出論 ………………29
	住宅情報誌 ………………119	食品情報 …………………103

植物繊維 …………………110
食料自給率 ………………96
食料資源 …………………97
女子差別撤廃条約 ……23, 29
自立 ………………………14
自立支援 …………………91
自立欲求 …………………14
シルバーハウジング ……118
親権 ………………………53
人権意識 …………………13
新建材 ……………………122
人工照明 …………………122
新合繊 ……………………108
新国民生活指標 …………16
新成年後見制度 …………59
身体の虐待 ………………54
人体保護 …………………106
審判離婚 …………………52
シンプルライフ …16, 131, 132
心理の虐待 ………………54
親和感表現スキル ………46

〔す・せ・そ〕

睡眠不足 …………………79
推論的思考能力 …………41
住まい方 …………………115
住まい・まちづくり ……123
スローフード ……………132
スローライフ ……………132
生活の営み ………………17
生活の科学的認識 ……43, 44
生活の価値認識 …………43
生活の均質化 ……………28
生活の質 …………………15
生活の社会化 ……………28
生活を創る ………………1
生活課題 …………………3, 7, 17
生活課題解決 ……………7
生活価値 ……………11, 131
生活観 ……………………132
生活環境 ………………1, 10
生活技術 …………………42
生活技能 …………………43
生活空間資源 …………17, 18
生活構造論 ……………11, 46
生活時間 …………………79
　—の生涯配分 …………7
生活時間資源 …………17, 18

生活資源 ……………11, 17, 63
生活実践スキル …………3
生活者 …………………1, 5
生活習慣管理スキル ……44
生活習慣病 ………………99
生活主体 ………………5, 10
生活自立能力 ……………14
生活設計 …………………134
生活創造 …………………130
生活文化 ……………5, 131
生活保護 …………………89
生活問題 ……………41, 42, 68
生活問題解決スキル ……43
生活様式 …………………132
生活利便施設 ……………117
精神の充実 ………………38
精神の自立能力 …………14
製造物責任法 ……………65
性の虐待 …………………54
青年海外協力隊 …………135
生命保険 …………………92
生理の生活時間 …………79
世代間格差 ………………134
摂食障害 …………………102
摂食動機 …………………98
摂食抑制 …………………101
説明・交渉スキル ………46
セミボランティア ………58
繊維の生産エネルギー …110
専業主婦 …………………38
相互依存 …………………14
相互の交流 ………………48
痩身願望 …………………101
相続 ………………………27
ソーシャルサポート ……57
ソーシャルネットワーク
　……………………56, 57, 58

〔た行〕

体脂肪 ……………………102
対物関係スキル …………43
他者理解 …………………45
男女共同参画社会 ……31, 81
男女共同参画社会基本法
　…………………23, 31, 46
男女雇用機会均等法 ……23
単身家族 …………………26
単身世帯 …………………83

暖房温度 …………………110
地域共同体 ………………56
地域社会 …………………48
地球温暖化 ……………71, 73
地球環境問題 ……………68
父親役割 …………………54
着用の目的 ………………106
長期計画 …………………134
調停離婚 …………………52
貯蓄率 ……………………86
通気性 ……………………108
通風 ………………………122
デイサービス ……………59
ディベート ………………71
適応性 …………………49, 51
適齢期人口 ………………24
デシジョンポイント ……6
手作り ……………………130
電気依存型症候群 ………73
天然繊維 ……………108, 110
登校拒否 ………………54, 59
動物繊維 …………………110
都市計画 …………………120
都市的生活様式 …………28
ドメスティック・バイオ
　レンス …………………52
共稼ぎ ……………………22
共働き ……………………22
共働き夫婦 ………………83

〔な行〕

二酸化炭素排出削減 ……73
日照 ………………………122
日本型雇用形態 …………23
人間開発指数 ……………31
人間関係のルール ………45
人間関係資源 ……………17, 18
人間関係スキル ………43, 44
認知的摂食 ………………98
ネグレクト ………………54
熱伝導率 …………………107
ネットワーキングスキル …57
ネットワーク ……………54
年金制度 …………………86
能力開発 …………………22
能力資源 ……………17, 18, 44
ノーマライゼーション …59

〔は行〕

廃棄物 …………………… 76
破綻主義 ………………… 53
パラサイトシングル ……… 34
晩婚化 …………………… 34
反省的思考 ……………… 41
ひきこもり ……………… 55
非行 ……………………… 54
非消費支出 ……………… 40
ひとり親家族 …………… 26
批判的思考能力 ……… 41, 70
被服材料 ………………… 107
肥満 ……………………… 101
評価的サポート ………… 49
品質表示 ………………… 103
ファミリーサポート
　　センター ……………… 59
夫婦間のコミュニケー
　　ション ………………… 51
付加価値 ………………… 92
不感蒸泄 ………………… 108
プライバシー …………… 60
不慮の事故 ……………… 88
フロンガス ……………… 68
ペイドワーク …………… 21
ベーシックスキル ………… 3
保育支援 ………………… 24
保育施設 ………………… 85
法定労働時間 …………… 81
訪問看護制度 …………… 59
訪問販売等に関する法律 … 65
保温性 …………………… 107
ホームエコノミックス ……… 9
ホームヘルパー ………… 59
保健医療費 ……………… 85
保険制度 ………………… 91
保険料 …………………… 91
保護の怠慢 ……………… 54
ボランティア … 37, 41, 49, 58, 59
ボランティア国際年 ……… 91

〔ま行〕

まち探検 ………………… 123
まちづくり ……………… 115
緑の消費者 ……………… 70
民法 ……………………… 27
6つの基礎食品群 ………… 102

面接交渉権 ……………… 34
持つこと(to have) ……… 15
物とかかわるスキル …… 44
問題解決 ………………… 42
　―のプロセス ………… 47
問題解決能力 …………… 41

〔や行〕

役割構造 ………………… 51
有機農産物 ……………… 104
有責主義 ………………… 53
ユウゼニックス …………… 9
輸入食品 ………………… 96
養育費 …………………… 53
用途地域 ………………… 120
余暇時間 ………………… 79

〔ら行〕

ライフイベント ………… 6
ライフコース ………… 6, 7, 8
ライフサイクル ……… 8, 115
ライフスキル … 1, 2, 42, 43, 44
ライフスタイル ……… 83, 95
ライフステージ …… 8, 49, 83
理解力ゲーム …………… 45
離婚 ………………… 27, 34, 52
離婚観 …………………… 34
リサイクル …………… 76, 78
リサイクルマーク ……… 77
リスクマネジメント …… 88
リフォーム ……………… 112
リプロダクティブヘルス
　　/ライツ ……………… 13
裏面的交流 ……………… 48
ルール …………………… 46
老後の暮らし …………… 55
老後意識 ………………… 36
老人医療費 ……………… 92
老親扶養意識 …………… 36
労働強度 ………………… 79
労働時間 ………………… 80
ロールプレイ …………… 45

〔わ〕

ワークシェアリング …… 54, 81
ワークショップ ………… 123
われわれ概念 …………… 50
ワンルーム ……………… 120

〔A～〕

abilities ………………… 42
adaptability …………… 49
amenity ………………… 126
cohesion ……………… 49
community sentiment … 56
consumerism ………… 65
Consumers International … 66
critical thinking ……… 70
DV防止法 ……………… 53
emotional intelligence … 45
green consumer ……… 68
home economics ……… 9
ICカード型電子マネー … 88
independence ………… 14
interdependence ……… 14
JAS法 …………………… 103
M字型 …………………… 23
NGO …………………… 58
NPO ………………… 41, 58
People's Life Indication … 16
PL法 …………………… 65
PLI ……………………… 16
Quality of life ………… 15
reflective thinking …… 41
sensitivity ……………… 42
Simple is Best ………… 75
slow foods …………… 132
win-win法 …………… 47

〔著 者〕（執筆順）		担 当
内藤　道子	山梨大学名誉教授	序，Ⅱ章1，Ⅳ章，Ⅵ章
中間美砂子	國學院大学栃木短期大学教授	Ⅰ章，Ⅱ章2，Ⅲ章
金子佳代子	横浜国立大学教授　保健学博士	Ⅴ章1
髙木　　直	山形大学教授	Ⅴ章2
田中　　勝	山梨大学教授　工学博士	Ⅴ章3

生活を創るライフスキル─生活経営論─

2002年（平成14年）5月10日　初版発行
2009年（平成21年）3月30日　第3刷発行

著者代表　内　藤　道　子

発行者　筑　紫　恒　男

発行所　株式会社　建 帛 社
KENPAKUSHA

〒112-0011　東京都文京区千石4丁目2番15号
電　話　(03) 3944－2611
FAX　(03) 3946－4377
http://www.kenpakusha.co.jp/

ISBN978-4-7679-1440-4　C3077　　　　教文堂／田部井手帳
Ⓒ内藤ほか　2002　　　　　　　　　　　Printed in Japan.
定価はカバーに表示してあります

本書の複製権・翻訳権・上映権・公衆送信権等は株式会社建帛社が保有します。
JCLS　〈㈱日本著作出版権管理システム委託出版物〉
本書の無断複写は著作権法上での例外を除き禁じられています。複写される
場合は，㈱日本著作出版権管理システム（03-3817-5670）の許諾を得て下さい。